山之内遼

47都道府県の純喫茶

愛すべき110軒の記録と記憶

はじめに

現代はたくさんの情報が飛び交う時代です。しかし東京や大阪などの大都市についての情報に比べて、地方に関する情報は意外と少ないものです。これは全国の純喫茶を求めて旅をしていた頃から、ずっと感じていたことでもあります。

生まれ育った場所を離れて、何の事前情報もないままに初めて訪れた土地で、偶然素晴らしい純喫茶に出会う。そんなことが何度もありました。予期せぬ喜びほど、胸を強く打つものはありません。こうした経験を重ねるたびに、ある想いが自分の中にふつふつと湧き上がって来ました。

「素晴らしい純喫茶があるのは、東京や大阪だけじゃないんだ」

本書はそんな考えをもとにつくられました。本書が全国47都道府県の純喫茶をくまなく収録しているのはそのためです。全ての市町村をカバーすることは今回はかないませんでしたが、どの都道府県出身の人にとっても、きっと身近なお店が掲載されていることと思います。皆さんが暮らす

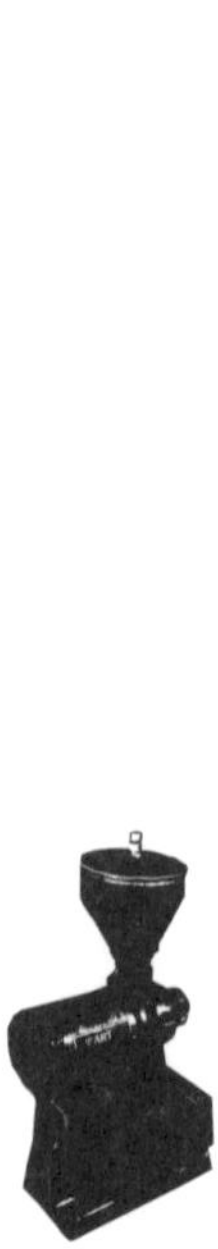

街や、生まれた街の純喫茶は載っていますか？

　執筆にあたっては、そのお店ならではの雰囲気をぎゅっと収めることを意識しました。どのお店にもそれぞれにドラマチックな物語があり、一つとして同じ物語はありません。まさに人に歴史あり、純喫茶に歴史ありです。物語のかけらを拾い集めてしっかりした文章にまとめるために、時にはコーヒーを何杯も飲みながら、時には忙しい店主のおつかいで近くのスーパーまで食パンを買いに行きながら、じっくりと話を聞いてきました。

　本書は旅行のガイドブックでも純喫茶の研究本でもありません。ここにあるのは唯々、純喫茶とそこに集まる人々の物語です。物語というと過去の出来事を想像しがちですが、ここでは現在進行形の物語だと思って下さい。時に純喫茶は、昭和という過ぎ去った時代の遺物として、「昔はよかったね」と遠い目をしながら語られることがあります。しかし本書では過去に浸り追憶するだけではなく、純喫茶を通して現代を描き、未来を見つめていきたいと考えています。それぞれの純喫茶の成り立ちや開業の経緯などを追いかけながら、今を生きる純喫茶の姿を描きます。

　過去の栄光や不定形の未来よりも、今日という日を大切に。

　それでは、一一〇の物語をお楽しみ下さい。

CONTENTS

第1章 北海道・東北地方の純喫茶

第2章 関東地方の純喫茶

第3章 中部地方の純喫茶

第4章
近畿地方の純喫茶

第5章
中国・四国地方の純喫茶

本書は純喫茶の記録と記憶を保存するためにつくられました。
そのため、長い歴史に幕を下ろしたお店もそのまま掲載しています。
形ある全てのものは、いつか終わりを迎える運命にあります。
純喫茶もまた例外ではありません。
読者の皆様の心の中で、純喫茶が永遠に輝き続けることを願って一。

※2020年版を刊行にするにあたり、すべての店舗の営業確認を行い、店舗データについては2020年4月現在の情報として更新いたしました。本文は2013年の著者の文章をそのまま使用しております。

第１章

北海道・東北 地方の純喫茶

01

挽香

〖北海道・稚内　1970年開業〗

最北端の街で飲んだのは、身体も心も温めてくれるコーヒーだった。

　挽香のマスター・近江紘さんは青森の大湊に生まれ、航空自衛官として、長きに渡って空を守っていた。

「日本の空が戻ってきた昭和三十七年までは、米軍の制服を着て各地の基地で働いた。コーヒーを落とすのは新兵の役割でさ、ＭＪＢのグリーン缶の豆でコーヒーを淹れていた」

やがて稚内に転属となり、ソビエトから北方を守る任務に就いた。

「面白い時代だった。米軍の武器でソ連と対峙した。第一線で体を張ってたよ」という近江さんは、その後昇進し管理職となる。しかし現場の仕事以外に興味が持てず、退官を決意。そして始めたのが喫茶店だ。

「自衛官時代に各地の喫茶店に行って、いずれ日本人はもっとコーヒーを飲むようになるぞと思った」という近江さんの予想は見事的中した。

　店の開店時間は当初、朝十時だったが、「俺が責任を持って客を送り込む」という稚内駅の駅長の要請のもと、朝六時に変更した。当時は離島への旅行者が次々と稚内を訪れていたが、駅に汽車が到着する六時から船が出発する八時半までの間、彼らの休む場所がなかったのだ。

　駅長の言葉通り、多くの旅人が店にやって来た。それから挽香は、旅人達のベースキャンプになっている。

「喫茶店の親父っていうのはプライベートまでさらけ出さないとお客さんの心に入り込めないんだ。いい格好もできないし、悪いこともできない。でもそうしてお客さんと接していると、ここへ来るとほっとするといってもらえる。百点満点の店にするには、最後はやっぱりハートだよ」

2017年　閉店
（マスターの死去により）

挽
香
COFFEE SHOP

COFFEE TICKET

02 純喫茶 ドール

〘北海道・美唄　1960年開業〙

昭和三十一年、美唄の青空に響いたラジオ放送から全てが始まった。

その日は街の人が集まって、新しくつくる喫茶店の相談をしていた。店名がなかなか決まらずにいた時、ラジオから「コルボドール」という香水のCMが流れてきた。

何気なく耳に入った言葉の響きが気に入り、店名は「コルボ」に決まった。「次に美唄に喫茶店をつくる時は、ドールだな」と誰かが冗談半分でいった。

そして数年後、一軒の喫茶店ができた。その店の名前は「ドール」。

「建物は百年くらい経っているの。元は魚屋さんで、喫茶店を始める時、間取りを決めるのも全部紙に書いて計算して私がやったのよお」

店主の三村智恵子さんは何でも自分でやる行動力の持ち主だ。「黒い

2016年11月　閉店　（店主高齢のため）

芯は縁起が悪いと父に反対されたんだけど」と見せてくれた店のマッチも三村さんのデザイン。壁の内装も三村さんのイメージ通りだ。

「ちっちゃい店だけど、子どもを学校にやれたし、常連さんがいるしね」という三村さんからは、女性が持つしなやかな強さを感じる。

「私は農家の子で、母はいつも畑にいた。母親というのはみんな畑で仕事をするもんだと思ってた。私も畑を裸足で走り回って育ったから元気なんだと思うの」

　炭鉱業で栄えた美唄の人口は最盛期の四分の一になり、コルボがなくなってからも久しい。「気付いたら美唄でも古い店になってた。郵便は『美唄のドール』で届くよ」と笑う三村さん。ドールを包む美唄の空は、あの日と同じように晴れ渡っている。

吹き抜けの天井が高い二階。あるいは絵がよく見える一階。お客さんは思い思いの席に腰を下ろしている。店主の三上千寿子さんがいう。

「とにかく人と接することが大事。こういう商売をしていると相手に合わせて子どもの目線になったり、お年寄りの目線になったりしないといけないから、人間として成長するの」

学生のスタッフにも親身に指導する千寿子さん。「奥さんは優しい」とみんなから慕われている。

千寿子さんのご主人の登さんは絵画やレコードが好きだった。ひまわりは、そんな登さんの趣味を反映して、名曲喫茶としてオープンした。弘前大学の学生を始め、多くの若者のたまり場として人気の店になった。「ひまわりに行けば最新のレコードを聴ける、そういって集まってきた

名曲と珈琲

ひまわり

〖青森県・弘前　1959年開業〗

のよね」と千寿子さんは振り返る。

「昔は二交代制で夜の十一時までやっていた。夫との約束で私は店に出ないでいいはずだったんだけど、忙しくてそんなの取り消しよ」

長い歴史を持つ店ならではのエピソードがある。

「夕方に店を閉めようとシャッターを下ろしていたら『ひまわりがまだあった！』という声が聞こえたの。すぐシャッターを開けたわよ。その人は昔、うちの二階でお見合いをして奥さんと結ばれたの。五十年ぶりに来たんだって」

学生時代を弘前で過ごし、定年後にまた訪れて来るお客さんも多い。みんな想い出の場所が今も変わらず残っていることに感動し、お礼をいって帰っていくという。明日へ向かって今日もひまわりは咲き続ける。

●めいきょくとこーひー ひまわり

青森県弘前市坂本町2
017-235-4051
10:30〜18:30／木曜休(祝日の場合は営業)
JR・弘前駅から徒歩10分
弘南電鉄・中央弘前駅から徒歩5分

MENU(税込)

ホットコーヒー　450円
アイスコーヒー　480円
ミートパイセット　980円
グラタンセット　980〜1000円
ドリアセット　980〜1580円

SEIKOSHA
DRINK
Coca-Cola

弘　前
FOR HIROSAKI
青森一三厩
AOMORI ― MIUMAYA
PUNCH
孽論特製献立表
コーヒーゼリー・・・ 550
洋酒珈琲　ウイスキーコーヒー・・・ 500
紅茶
珈琲亜(ココア)・・ 450
緑炭酸水 420
(ソーダ水)
生レモンジュース・・ 480
ブレンドコーヒー・・ 380
ウインナーコーヒー・・ 450
アメリカンコーヒー・・ 380
ミルクコーヒー・・ 450

04

珈琲店 マロン

〚青森県・青森　1970年開業〛

「朝から晩まで店にいるんだから好きなものに囲まれていたい」と語るのはマスターの松井孝導さん。マロンの壁や棚には、松井さんが中学生の頃から集めてきた様々なアンティーク品が飾られている。どれもが松井さんにとって大切なものだ。

教員になるつもりで東京の学校に通っていた松井さんだったが、両親に呼ばれて故郷に戻り、マロンのマスターになった。内装はその頃からあまり変えていないという。

「当時青森の喫茶店はどこも薄暗かったんです。うちのように仕切りの壁がないオープンスタイルは青森では初めてでしたね」

これまで積極的に店の宣伝をしたことはない。それでも多くの人が訪れているのは、その素晴らしさが口コミで伝わっているから。

「長年お店を支えてくれているお客さんがたくさんいるんです。だからやってこれた。そういうお客さんを本当に大事だと思っています。私だけでなく、スタッフみんなそう思っています」

そう噛み締めるように語る松井さんには、人に誇れるものがあるという。それは一緒に働く人々だ。

「うちのスタッフはみんな長く続けてくれています。十年、二十年の人もいます。みんなお客さんの顔を覚えるのが得意で、『妹さん、お元気ですか?』とかいう会話ができる。そんなスタッフがいること。これが私の自慢です」

マロンを好きで来てくれる人や共に働く仲間もまた、松井さんが長い時間をかけて見つけた「朝から晩まで囲まれていたい、大切な存在」なのだ。

●こーひーてん マロン
青森県青森市安方2-6-7
017-722-4575
7:00〜18:00
水曜休
JR・青森駅から徒歩10分

MENU（税込）
ブレンド珈琲　420円
ココア　500円
生ジュース各種　520円
特製ジャマイカンカレー　790円

05

こぅひぃの店

やちよ

〚秋田県・秋田　1978年開業〛

「八千代」とは長い歳月のことをいう。店の壁には歴代のお客さん達が残した、たくさんの落書きがある。誰かへのメッセージ、二十年前の相合い傘。長い時間が過ぎたが、その人は今も同じ傘の下にいるだろうか。

店のルーツは戦後、秋田駅前にできた闇市にある。その中に「やちよ」というニッカバーがあった。この名前を残すことを条件に、二代目の経営者がバーを喫茶店に変え、さらにその店を引き継いだのが、現在のマスター・藤田諭さんの奥様だった。

その後、再開発のために立ち退きをして、現在の場所へ移転。もとの場所には大きな商業施設が建ち、奥様が店主を務める「パルルやちよ」が店を構えている。「やちよ」という名の由来を知る人は誰もいなくなってしまったが、結果として名前の

2013年6月25日　閉店
健康上の理由で、35年の歴史に幕を下ろしました。

通り長い歴史を持つ店になった。

「奥さんの名前ですかってよく聞かれるんだよね」と笑う藤田さん。現在の店づくりの根底には、学生時代の東京での経験がある。

「銀座の並木通りにあった『セニョール』ってバーでアルバイトをしたんだけど、現実離れした華やかな世界を見て、何だか嫌になっちゃった。それよりも、お客さんが美味しいっていってくれて、心が通い合う店の方がいいと思った」

藤田さんのそんな想いを体現するやちよは、若者を中心に多くの人々に愛されている。「何気なくつくってみた」というトルコライスやステーキピラフが人気メニュー。

また一つ壁の落書きが増えて、また一つ藤田さんが笑って、やちよは永遠へと近づいていく。

06

ジャズスポット
ロンド

〚秋田県・秋田　1967年開業〛

夜の秋田の街は静寂に包まれている。市内を南北に流れる旭川沿いを歩いていると、闇の中で光を放つ蔵が目に入る。明治時代に築かれたというこの蔵こそがロンドの入口だ。

マスターの那珂《なか》静男さんと喫茶店の関わりは長い。那珂さんが中学生の頃、実家の近くに「モナミ」というジャズ喫茶があった。多くのジャズファンの間で語り継がれる名店だ。昭和三十年代当時、モナミには冷蔵庫がなかったため、飲食店をやっていた那珂さんの家にたびたび氷をもらいに来ていたという。この頃から「ジャズ」という音楽は那珂さんの中に、通奏低音のように絶えず流れている。

那珂さんは二十代の頃、仲間と協力して喫茶店をつくった。店名は「凝りすぎると失敗する。分かりやすくて覚えやすい名前がいい」という兄の助言で「ロンド」に決まった。那珂さんが大好きなジャズを流す店だったが、郵便局の二階の店舗だったため、音に関する制約があった。

困っていた那珂さんに現在の店舗となる蔵を紹介してくれたのは常連のお客さん。蔵の壁には土とワラが混ざっていて、適度に音を吸収するのだという。

「夜遅くでも、ジャズが流れる中でコーヒーを飲んだり、会話ができる店をつくりたかった。だからこの場所が見つかって本当に良かった。前の店ではできなかったことがこの店ではできるんだから」

やっと見つかった理想の場所を、一生懸命に守り続ける那珂さん。

「うちのような個人経営の店は、誠実にやっていくことこそが大事だと思っています」

●ジャズスポット ロンド

秋田県秋田市大町1-2-40
018-862-4454
17:00〜24:00
日曜・祝日、第2月曜休
JR・秋田駅から徒歩15分

MENU（税込）

コーヒー　600円
あくらビール　700円
チーズ厚切りステーキ
（岡山県吉田牧場）　1000円

時に夢は形を変えて胸に飛び込んでくる。リーベのマスター・児山《こやま》信一さんには昔、夢があった。

「中学生の頃カレーが好きで、将来はコックになろうと決めていたんです」

仙台の調理師学校に通いながら、夜は音楽喫茶でアルバイトをしていた。それがきっかけで喫茶店に魅力を感じるようになった。

東京・練馬駅前にあった「新世紀」や、盛岡の今はなき「大鳥茶房」という喫茶店に勤めた後、独立して開業したのが現在のリーベだ。

当初、客席は一階だけだったが、店舗を建て替えて二階も客席にした。

「本来、喫茶店という所はグループで来ても一人で来ても落ち着ける場所だと思うんです。そのために席を増やしたかったんです」

07

ティーハウス

リーベ

〚岩手県・盛岡　1971年開業〛

児山さんの想いが実り、リーベには老若男女、幅広いお客さんが訪れている。窓際の席には優雅におしゃべりをしている女性のお客さん達。反対側の壁際の席には読書を楽しんでいる若い男性のお客さん。テーブル席も多く、グループのお客さんが四、五時間会話に花を咲かせることもあるというが、「その時はその時でいいですよ」と児山さんは笑う。

店の近くには官庁街があり、昼時には公務員のお客さんがやって来る。その後はティータイム。フルーツをふんだんに使ったティーパンチが午後の人気のメニューだ。

お客さんの様々な気持ちを受け止めようという児山さんの姿勢が、リーベの幅広い客層につながっているのだ。リーベにはお客さんを包み込む深い愛がある。

●ティーハウス リーベ

岩手県盛岡市内丸5-3
019-651-1627
7:30〜19:00（土曜は9:00〜13:00、日曜・祝日は11:00〜19:00）／不定休
JR・盛岡駅から徒歩20分
市バス・「県庁・市役所前」下車徒歩2分

MENU（税込）

ブレンド　400円
紅茶　600円〜
ティーパンチ　720円
日替わりサービスランチ　650円
ケーキセット　700円

08 たかしち

〖岩手県・宮古　1967年開業〗

たかしちは宮古初の喫茶店として、長い歴史を重ねてきた。しかし、東日本大震災で店は津波に流された。

その時マスターの高岩千幹さんは、店をやめようと思ったという。しかし、街を歩くと「再開してくれ」と声をかけられる。役所や銀行で名前を呼ばれるたびに、まわりの人から「いつからやるの？」と聞かれる。人口五万人の宮古の人々は高岩さんのことを「たかしちのマスター」として覚えていたのだ。再開を望む人の声が、高岩さんの背中を押した。

町内会の集まりで、再開を望む人がいることを話したところ、そこでも再開を勧められた。会のつながりでちょうど良い土地も見つかった。こうして少しずつ話が進んでいった。

しかし、建築資材の不足や予算の問題など、再開への道のりは険しか

●たかしち

岩手県宮古市向町2-49
0193-62-6953
9:00～20:00／木曜休
JR・宮古駅から徒歩10分

MENU(税込)

ブレンドコーヒー　400円
フルーツパフェ　700円
ナポリタンスパゲティ　850円
カツスパ　950円

った。それでも再開を目指して動き続けたのは、大変な時こそ、地元の人々の心が休まる場所をつくりたいと思ったからだ。

「震災後だからこそ明るい店にしようと思ったんです」という高岩さん。以前の店は、これぞ喫茶店という焦げ茶色の落ち着いた雰囲気だったが、新しい店は白を基調にした明るい前向きなイメージにした。

当初は年内の再開を目指していたが工期が遅れ、翌年の一月に再開。その日を待っていた人は多く、お客さんが途絶えなかった。開業当時から続く名物メニューの「カツスパ」も同時に復活した。

「店が込んで相席をお願いしたら若い人と年配の方が同じテーブルになる場面があった。再開したからこそ見られた光景です。続けて良かった」

道玄坂
ビール
550円
ブレンド
400円
コーラ
450円
アイスコーヒー
450円
レモンティー
400円
アメリカン
400円

09

道玄坂

〖宮城県・仙台　1968年開業〗

喫茶店との付き合い方は十人十色。コーヒーの味や、珍しい内装を求めて行く人もいれば、「なんとなく」行く人もいる。

道玄坂のマスター・加藤光男さんは、学生の頃からよく喫茶店に足を運んでいたので、この店にも訪れたことがあったという。その頃は、まさか自分がここの店主になるとは夢にも思っていなかった。

社会人としてゼネコンに就職した後は、「会社が終わってそのまま家に帰ると気持ちがムシャクシャするから、帰り道で喫茶店に寄るといいってことに気付いた」という。「別に何をするわけでもないんだけど。俺らの若い頃の喫茶店っていうのは金を払って空間を借りる、そういうもんだったんだよ。コーヒーの味がどうとか、マスターがどうとかじゃなくてね」

ふとした縁から道玄坂を経営することになったのは三十年前のこと。店づくりに際しては、加藤さんの頭の中にある喫茶店像が反映された。「あの頃は一人で入ると落ち着かない喫茶店が多かったよ。一人でふらっと入って、漫画やグッズがあって面白いとか、懐かしいなあと思ってもらえる店にしようと思った」

道玄坂には漫画やおもちゃ、置き物などがたくさんある。手ぶらでふらっと訪れても楽しい時間を過ごせそうだ。

「やりたくてやってる人の店に行くとそれが分かるし、そんな店が好きなんだ」

道玄坂もまた、加藤さんが楽しんでやっているのが伝わってくる店。お金を払ってでも借りたい空間だ。

●どうげんざか

宮城県仙台市青葉区国分町1-3-25
022-262-6890
8:00〜20:00(土曜は〜14:00)
日曜・祝日休
JR・仙台駅から徒歩15分

MENU(税込)

ブレンドコーヒー　400円
アイスコーヒー　450円

10 加非館

〚宮城県・石巻　1974年開業〛

石巻の大通りにあるビルの階段を昇り、加非館のドアを開ける。

正面にはカウンター席、そして右奥と左奥にはボックス席がある。いずれも木を基調にした落ち着く雰囲気だ。カウンターの椅子も美しくて座りやすいデザインが施されている。

「木づくりは飽きが来ないんです」とにっこり笑うのはマスターの須藤哲也さん。この店は多くの人の英知が集まってできた喫茶店だ。

石巻生まれの須藤さんの実家は、現在の加非館の場所で飲食店を営んでいた。コーヒーとの出会いは、予備校生時代に訪れた。

「高田馬場にあった予備校に通っていた頃、コーヒーに目覚めましたね。大学に入ってからも酒が飲めなかったからコーヒーが大好きで。食費より先にコーヒー代を取っておきました。故郷に戻ったら喫茶店をやりたいと思いました」

石巻へ戻った須藤さんは、加非館の開業へと動き出す。目指したのは、買い物客や商談する人がゆっくりできる店。須藤さんの脳裏にあったのは、神田の「珈琲館」という喫茶店だった。ちょうど弟がその喫茶店を運営する会社に勤めていた縁もあり、無理をいってその会社の内装部門を石巻まで呼び、内装を請け負ってもらった。

「カウンターの所がガラス張りになっているのが良いでしょ。コーヒーを淹れる手元は見えつつも、お客さんと、もてなす側とをはっきり分けているんです」

コーヒー豆は開業時から東北萬国社に特注している。店のロゴをデザインしたのは役所に勤める常連のお客さん。この店は須藤さんが出会った人々の英知の結晶なのだ。

●こーひーかん

宮城県石巻市中央2-2-13
0225-96-4733
10:00～18:00
火曜休
JR・石巻駅から徒歩10分

MENU（税込）

ブレンドコーヒー　400円
アイリッシュコーヒー　550円
ホットケーキ　500円
カフェ・カプチーノ　550円

11 ケルン

〚山形県・酒田　1962年開業〛

風街で会いましょう。港町・酒田は潮の香りの風が吹く街。

ケルンでコーヒーを淹れるマスターの井山多可志さんは一九七〇年代を東京で過ごした。井山さんが働いていたのは渋谷・道玄坂の百軒店にあるロック喫茶「ＢＹＧ」。当時その一帯は数々の店が所狭しと軒を連ねる、文字通りの百軒店であった。今も続く「名曲喫茶ライオン」や今は亡き「ロック喫茶ブラックホーク」。「ギャルソンっていう音楽パブもあったな」と、腕を組み懐かしむ井山さんの思考は、四十年前の渋谷へ移っていった。

「ＢＹＧはロック界の吹き溜まりでさ、ロック好きなやつらが四六時中集まってたんだ。はっぴいえんどとか、後に有名になる奴らがライブをやったりもしてた」

●ケルン

山形県酒田市中町2-4-20
0234-23-0128
10:00〜17:00(喫茶)、19:00〜22:30(バータイム)
無休(バータイムは月・火曜休)
JR・酒田駅から徒歩20分

MENU(税込)

ブレンドコーヒー(自家焙煎)　420円
水出しアイスコーヒー　450円
抹茶あんみつ　500円
葛あんみつ(自家製)　500円

その後井山さんは酒田へ戻り、喫茶店に立つことになった。

父親である計一さんはカクテル「雪国」の考案者として有名なバーテンダーだ。店は朝から夕方までは喫茶店で、夕方を過ぎるとバーになり、計一さんが店に立つ。

また、ケルンには「創作甘味茶房」という二つ名があり、メニューには和・洋の甘味が連なる。コーヒー豆の自家焙煎は、二十年ほど前に始めた。試行錯誤の末に現在の形に辿り着いたが、今も研究に余念がない。

「高価な材料を使うわけじゃなくて、基本に忠実に淹れたて、つくりたてのものをお出しするのがケルンのスタイルなんだ」

ロックとは音楽のジャンルではなく、挑戦し続ける生き様だという。ケルンのロックンロールは続く。

12

喫茶

白十字

〘山形県・山形　1973年開業〙

白十字は山形銀行本店の向かいにある。店に立つのは山崎恵子さんだ。「働いてくれる人も、お客さんも、いい人たちに出会えた。お陰で長い間お店を無休で続けられています」

新庄で生まれた恵子さん。戦中は学徒動員で神奈川県大船の富士飛行機製作所で、軍用機を組み立てていた。戦後は父親の会社を手伝い、山登りで出会ったご主人と結婚した。

ご主人の悟郎さんは、山形で生まれた。中学卒業と同時に大陸へ渡り、発電技師として天津にあった国策会社に勤めていた。

その頃の天津は日・英・米がそれぞれ租界を持つ国際都市で、悟郎さんは満州・大連のフランス租界にあった「白十字」という喫茶店によく通っていた。その店の美しさにすっかり魅せられた悟郎さんは、「もし生

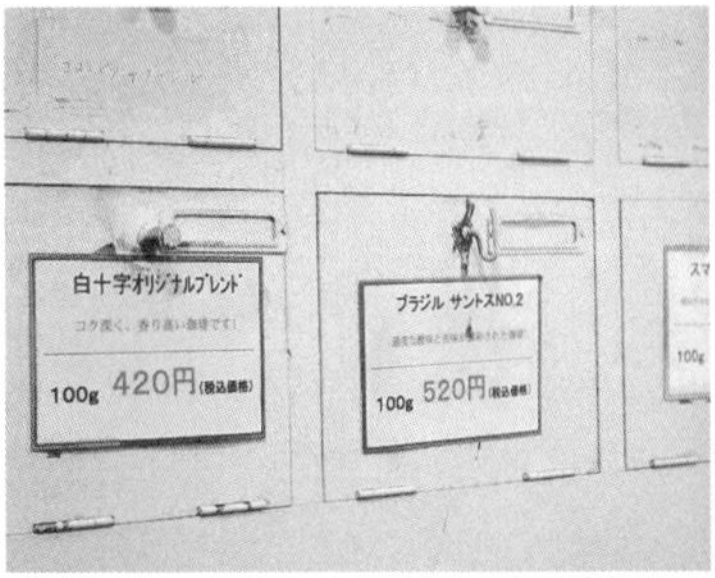

●きっさ はくじゅうじ

山形県山形市七日町2-7-15
023-622-7774
9:00〜19:00(土・日曜は、11:00〜17:00)/無休
JR・山形駅から徒歩15分

MENU(税込)

ブレンドコーヒー　400円
アイスコーヒー　400円
紅茶　400円

きて日本に帰ることがあったら、郷里に戻って『白十字』という名前の喫茶店をやろう」と思ったそうだ。

　終戦後、まだ会社に勤めていた悟郎さんは、銀座堂という電気店を開いて、店番を恵子さんに任せた。その後会社を辞め、電気店の隣に念願の「白十字」を開いた。入口の幌にある「銀座堂」という表記は電気店の名残り。悟郎さんが亡くなったのを機に、電気店は閉店して喫茶店だけにしたという。

　その際に店を改装して、床に緑色のカーペットを敷いた。白十字は床だけでなく、各所に緑色が使われている。「自宅の屋根も緑なんです。緑色が大好き」と微笑む恵子さん。

　悟郎さんが満州で抱き、祖国でかなえた夢は、恵子さんが今もしっかりと守り続けている。

13 ドン・モナミ

〚福島県・郡山　1971年開業〛

青春とは淡く儚《はかな》い光。この店には青春の香りがする。

　ドン・モナミのマスター・安斉良一さんは、カウンターから若者たちの姿を見守り続けてきた。

「昔の学生はみんな貧乏だったんだ。モナミに行けば、タバコをもらえる。何か食べさせてもらえる、そう思ってたんだよ」

　店の近くには日本大学工学部や郡山女子大学などがあって、店には大勢の若者が集まった。

「俺が店を始めたのは三十二歳の時。学生も年齢が近かったから来やすかったんだろうね。地方から来て下宿してる子が多かったよ」

　ドン・モナミには、お客さんが感想を綴ったノートがある。これを始めたのは、長野から来ていた男子学生で、「そいつは学校じゃなくてう

ちにばっか来てた。八年かかってやっと卒業したよ」と良一さんは笑った。その男子学生も今は長野で還暦を迎えている頃だという。

ノートを開くと、そこには若者たちの青春の光と影が散りばめられている。

「モナミのカレーはおいしい」
「実家が恋しい」
「皆のようにうまく生きられない」
「恋人と別れてつらい」

奥様の年さんは語る。

「よく叱ったりもしたわよ。駄目な子がいると、ちゃんと叱る。家族みたいだったわね」

良一さんの父親は、戦前から郡山駅前で喫茶店を営んでいた。

「親子二代で喫茶店をしてる。一生懸命に人間対人間でやってきた。喫茶店の商品は、店の親父自身なんだよ。金がなくても、学校に行かなくても、大事なことは他にもある」

ドン・モナミは郡山に続く放課後クラブのような店なのだ。

●ドン・モナミ
福島県郡山市赤木町13-12
024-933-2465
10:00〜18:00
日曜休
JR・郡山駅から徒歩10分

MENU(税込)
ブレンドコーヒー　400円
カレーライス　700円

14 珈琲専門店 煉瓦

〚福島県・喜多方　1976年開業〛

郡山から磐越西線に乗って西を目指す。列車は控えめな二両編成だ。

蔵の街として有名な喜多方。鉄道のトンネルや近くの鉱山で使うレンガを現地で生産したことから、レンガづくりの蔵が街に根付いている。

喜多方駅に着けば、目指す喫茶店はすぐそこ。駅前のツタに覆われた蔵こそが「煉瓦」だ。マスターの橋本寛次さんは語る。

「店を始めた頃は、駅前はもっと淋しかった。閑古鳥が鳴いて、葦が生えてるだけの雑草地だったよ」

生まれも育ちも喜多方の橋本さんは、都会で就職した後、この地に戻ってスナックの店長をしていた。

ある春の日、橋本さんに転機が訪れた。知り合いを見送りに喜多方駅まで来た帰り道で、何となくあたりを見ていると、一つのレンガづくり

●こーひーせんもんてん れんが

福島県喜多方市町田8269-1
0241-22-9183
7:00〜17:00
無休
JR・喜多方駅から徒歩1分

MENU(税込)

オリジナルブレンド　400円
ダッチコーヒー(水出しコーヒー)　500円
ストレートコーヒー各種　450円〜
レアチーズケーキ(自家製)　250円
ウィンナーコーヒー　550円

の蔵がふと目に留まった。

当時そこは商店の米蔵だったが、どうしてもこの蔵で喫茶店をやりたいと思った橋本さんは、毎日のように交渉に訪れたという。交渉開始から半年。ようやくその願いがかない、「煉瓦」は誕生した。

橋本さんはこれまでずっと、香りと清潔さを大事にして店を営んできたという。その言葉の通り、店内は開業から改装をしていないが、大切に使われてきたものだけが持つ風格が備わっている。蔵ならではの高い天井から射す陽光は、教会のような神聖さがある。断熱性に優れている蔵は、雪の降る日は待合客を体の芯まで温めて、駅へ送り出す。「始末に困るんだよ」と橋本さんが笑う外壁のツタは、四季の移ろいを感じさせてくれる大事な店の一部だ。

“純喫茶“って何ですか?

よく耳にする純喫茶という言葉。しかし、「純」って何なのでしょう?
カフェとは何が違うのでしょう? 誰もが抱く疑問についてのQ&A。

Q1 純喫茶って何ですか?

A 「純粋な」喫茶店という意味です。大正時代から昭和初期にかけて喫茶店が広まっていく中で、女性がアルコールを給仕する業態の店が現れました。現在では、これらの店はスナックやクラブ、バーと呼ばれていますが、当時は喫茶店の枠組みの中にあり「特殊喫茶」と呼ばれていました。

こうした「特殊喫茶」と区別するために、純粋にコーヒーや紅茶などを提供するだけで、他の目的を持ち合わせていない喫茶店のことを「純喫茶」と呼ぶようになりました。現在「純喫茶」と名乗っている店のほとんどは、そうした区別が必要な時代にできた店ということになります。

他にも純喫茶の定義には諸説あります。アルコール提供の有無や飲食物提供の有無とする考え方、自治体ごとの飲食業許可によるという考え方もあります。結局のところ、絶対的な定義はない、というのが現状です。

Q2 純喫茶にあってカフェにないもの、またその逆を教えて下さい。

A 純喫茶は一九七〇年代のブームに開業したお店が多いので、必然的に歴史が備わっています。歳月が醸し出す落ち着きや、現在では少なくなった貴重な備品・内装なども純喫茶ならでは。反対にカフェが持つ開放的で親しみやすいイメージは、これからの時代の純喫茶に必要なものかも知れません。

Q3 「これぞ純喫茶だ!」と思うポイントは?

A 人それぞれなので難しいところですが、

・シャンデリアなど内装が豪華
・ミルクセーキやクリームソーダがある
・新聞・週刊誌がある
・お客さん同士の会話がある

などでしょうか。ただ、「そこにいるだけで、お店の人や他のお客様の人柄がわかってくる」というのが、一番のポイントかもしれません。

第2章

関東地方の純喫茶

15

フィンガル

〚茨城県・水戸　1975年開業〛

店は店主に似る。フィンガルには店主の小泉文子さんの人柄に似た、上品で優しい雰囲気が漂っている。

東京から水戸へ、小泉旅館という老舗旅館の長男と結婚した小泉さん。旅館を営んでいた場所にビルを建てたのは昭和五十年のことだ。

「今は亡き主人は大学教授でビルの経営はよく分からなかったから、坪数を決める時は私も同席しました。地下は倉庫にするという話もあったんですが、そうすると人とのつながりがなくなってしまうから、喫茶店をやることにしたんです」

店名はスコットランドにある「フィンガルの洞窟」から取った。壁に飾られている絵画は、控え目ながらもこの店らしさを醸し出している。小泉さんは同じビルの七階で画廊を営んでいたこともあるという。

「お店は任せっきりだから私は何も分かっていないんです。毎日コーヒーが飲めることが私は嬉しいんです」

小泉さんから全幅の信頼を寄せられる店長の徳田さんは、かつてその画廊で二十年も働いていた。それほど長い付き合いだから、店を任された時も、「卸屋さんで二、三日研修してあとは度胸！と思いました」と、徳田さんに不安はなかった。

これも温かい眼差しで見守ってくれる小泉さんがいたからこそ。本人はお茶目に語る。

「私は女学校の先生を養成する学校を卒業したので、商売は初めてでした。お店をやっていると毎日お金が入るからいいなあと思いましたね」

フィンガルの親しみやすく、活き活きとした雰囲気もまた、徳田さんを始めとするスタッフや小泉さんの人柄がつくり出したものなのだ。

●フィンガル

茨城県水戸市泉町1-3-22
リリースクウェアビルB1
029-226-3263
11:00〜17:00
土・日曜、祝日休
JR・水戸駅から徒歩15分

MENU(税込)

フィンガルブレンド　400円
サザブレンド　500円
厚切トーストセット　750円
焼きサンドセット　950円
ピラフセット　1000円

16 純喫茶 マツ

〖茨城県・石岡　1952年開業〗

石岡の人々にとって当たり前の存在だったマツは、映画『ALWAYS三丁目の夕日'64』のロケが行われたことで、その存在が見直されている。「石岡出身の人がマツを自慢できるようになったと聞くと、嬉しいんです」という太田清美さんが、ご主人の宗治さんと共に店を守っている。

マツの始まりは、宗治さんの明治生まれの祖父が始めた木造の店。店名は土地の持ち主の女性の名前だ。内装はその頃から変わっておらず、「自分達はもう見慣れちゃってるから、誉められてもピンとこないんだけど」と清美さんは笑う。

この店の人気はなんといっても清見さんがつくるランチだ。これを目当てに来るお客さんで、昼はいつも混雑する。毎日訪れる人もいるというほどの人気だが、このランチは偶

●じゅんきっさ マツ

茨城県石岡市府中1-3-5
0299-22-4105
9:30〜15:00
土・日曜休
JR・石岡駅から徒歩5分

MENU(税込)

ホットコーヒー　400円
紅茶　450円
アイスコーヒー　450円
日替わり定食(コーヒー付)　950円

然から生まれたという。

「どうしてもお腹がすいて何か食べたいという人がいて、自宅でいつもつくっている混ぜご飯を出したの。そしたら『なんでこれを店で出さないんだ？』っていわれてね。近くの人がくれる野菜を使っているのよ」

図らずも自家製・地産地消を体現しているのがマツの凄い所だ。

宗治さんも負けていない。前述の映画の撮影は、店を貸切りにし、道を交通規制する大規模なものだった。劇中で登場人物が食べるパフェも、当初は撮影スタッフのものを使うはずだった。しかし、宗治さんが試作したパフェが大好評で、本番では宗治さんのものが使われたという。

長い年月を重ねてきたマツには、映画のセットには真似できない魅力があるのだ。

●パーラー＆きっさ ビーシー

栃木県宇都宮市駅前通り1-5-6／028-622-3708
7:00〜23:00／無休
JR・宇都宮駅から徒歩1分

MENU（税込）

宇都宮焙煎珈琲　650円
フルーツパフェ　1060円
クリームあんみつ　980円
ポーク焼き肉　1150円
（ランチ1010円）

17

パーラー＆喫茶

BC

〚栃木県・宇都宮　1972年開業〛

宇都宮の街は東にあるJRの駅と、西にある東武線の駅に挟まれている。二つの駅が鏡のように向かい合わせになっていて、中心に繁華街が広がっている。

五十年以上の間、宇都宮を中心として福島や群馬、茨城という広い範囲でコーヒー豆の卸売をしているブラジルコーヒー商会。宇都宮にはその直営店が二軒ある。

JR宇都宮駅前のコーヒーショップBCは、駅を利用するサラリーマンのお客さんが多いという。店長の永島仁さんは「駅前という立地を活かして、場としての価値を提供していきたいんです」と語る。店内で無線LANを使えるようにしたのも、そうした考えからだ。昔から続く喫茶店としての機能に加えて、時代に合わせた店づくりをしているのだ。

●こーひーせんもんてん ビーシー

栃木県宇都宮市本町13-16／028-621-8074
7:30〜22:00（土・日曜・祝日は9:00〜23:00）／無休
東武宇都宮線・東武宇都宮駅から徒歩5分

18

珈琲専門店

BC

〚栃木県・宇都宮　1971年開業〛

MENU（税込）

ブレンドコーヒー　650円
カフェ・オレ　800円
水出しコーヒー　950円
ストレートコーヒー各種　780円〜
オーブントーストセット各種　800円〜

JRの駅よりも先に栄えてきた東武宇都宮駅。若者が集うオリオン通りやデパートも近いこの一角に、珈琲専門店BCはある。店のお客さんは、近くの県庁や税務署などに勤める公務員が多い。

一階席の頭上には、人気の中二階席がある。実はこの中二階は増築したもので、始めは天井が高い一階だけの店だった。

宇都宮の公的機関は今も市の中心にあるが、商店は郊外に拡散しつつある。かつては東武、西武、福田屋、十字屋とたくさんあったデパートも今は東武しかない。飲食店街の松が峰も、今はちらほら道行く人がいるだけだ。

宇都宮を見つめ続けてきた二つのBCは、時代の変わり目に向き合っているのだ。

「壁を塗り替えたらといわれたけど、新しくしたからってお客さんが増えるわけじゃないからね。この壁は『リシン掻き』といって、塗った後、針金で引っかいて表面を粗くするの。宇都宮ではうちが初めてよ」

サンバレーの店内はとことん角がない。カウンターの角も丸ければ天井もアーチを描いている。かたい壁にはクッションが貼られている。

「商いは、角ばるより丸く収める方がいいんだよ」と笑う店主の細島エツ子さんも角がない。若くして店を始め、今ではここらのヌシだ。

「始めは私が喫茶店をやっていることを母はまわりに内緒にしていたの。数年して『やっといったよ』っていわれた。続かないと思ったんだろうね。これからもオールドファンが折にふれて来てくれたらいいね」

19 純喫茶 サンバレー

〚栃木県・宇都宮　1968年開業〛

●じゅんきっさ サンバレー

栃木県宇都宮市池上町4-21
028-634-8320
9:00〜20:00
無休
東武宇都宮線・東武宇都宮駅から徒歩3分

MENU（税込）

ホットコーヒー　400円
アイスコーヒー　500円
紅茶　500円
コーラ　500円

●カフェリフジ

栃木県小山市犬塚4-10-10
0285-22-3988
10:00〜日没／木曜休
JR・小山駅から徒歩20分

MENU(税込)

ブレンドコーヒー　500円
紅茶　750円
中国茶　850円
お抹茶　650円

20

カフェリフジ

〖栃木県・小山　1968年開業〗

「いらっしゃいませというより、お帰りなさいという気持ちなの」

母親が経営していたふじや食堂の土地で山本悦子さんが店を始めたのは四十五年前。「太陽の光が入り、ゆったりできるお店にしたい」という想いからつくられた店内は、明るく爽やかな風が吹き抜ける。山本さんが自らデザインした空間は、季節ごとに装いを変える。

コーヒーは注文を受けてからの一杯だて。紅茶はスリランカを視察、イギリス系も本格的に学んだ。中国茶や抹茶まで揃う喫茶店は珍しい。「喫茶店に慣れた大人の方だけでなく、若い人が喫茶店に興味を持ってくれると嬉しい。本物を見て一杯だての良さを感じてほしい」という。「大変ねといわれるけど、大変じゃないの。好きだから」

ドリルのような年代もののランプや、壁にかかる大きな鏡。曲線が美しいカプセル型の椅子に腰かけて、コーヒーを片手に店内を眺めていると、昭和という時代がいつの間にか遠くなってしまったんだなと思う。

店内には至る所に凝ったデザインが施されている。さぞかし強い主張があってこの店を始めたのかと思い、マスターの田島保雄さんに訊ねると、「いいや、俺がやることになったのは、なりゆきだったんだ」と思わぬ答えが返ってきた。

田島さんの実家は、昔からこの土地で床屋をやっていた。ビルを建てた時に床屋の二階にできたのがコンパルで、始めは田島さんの父親の知り合いが経営していたという。それから数年後に田島さんがオーナーになった。

21 コンパル

〚群馬県・高崎　1964年開業〛

「俺もよく方々へ遊びに行ったけど、こういう感じのお店はまずないんじゃないかな」

コンパルには映画に出てきそうな雰囲気がある。それはかつて、この辺に映画館が多かったからだろうか。

その頃の映画は人々にとっての最大の娯楽で、映画館の集客力も今の比ではなかった。映画の帰りにコンパルに寄って行く人も多かったという。だが、時代は変わる。

「日本全国そうだろうけど、高崎の街も変わったよ。街の人口は減っているけれどね、この店を引き継ぐって決めたのは自分だから、楽しみながらやってるよ」

そういいながら田島さんはプリンを運んできてくれた。運が良いともらえるこのプリンは、コンパルの隠れた名物だ。

「喜んでくれる方にはプリンを差し上げてもいいかなって。うちはうちのやり方でね」

田島さん、ご馳走様です。

●コンパル
群馬県高崎市鞘町62
027-322-2184
9:00〜17:30
不定休
JR・高崎駅から徒歩10分

MENU(税込)
コーヒー　350円
スパゲティ　550円
ココア　380円

22 珈琲館 あるく

〚群馬県・前橋　1979年開業〛

あるくのコーヒーを淹れるのはマスターの平井裕三さん。京都の上京区で生まれ、東京に出てからはもっぱら国分寺の界隈にいたという。「中央線沿線の文化が好きなんだよ。特に国立、阿佐ヶ谷、吉祥寺はよく行ったなあ」

平井さんの奥様は群馬出身で、知り合った頃は国分寺の「チボリ」という喫茶店で働いていたという。平井さんも根っからのコーヒー好き。奥様の地元へ引っ越して、喫茶店を始めたのは自然な成り行きだった。「何事も歩くことが全ての始まりだと思っている」と、店名は趣味の山登りから取った。

店にはどことなくの趣味人の香りが漂っている。これは平井さん夫妻がかつて過ごした、国分寺を含む中央線文化の残り香だろうか。

●こーひーかん あるく

群馬県前橋市千代田町2-1-1
080-3710-1116
7:00〜20:00／日曜・祝日休
JR・前橋駅から徒歩15分

MENU(税込)

あるくブレンド 450円
アイスコーヒー 450円
ウィンナーコーヒー 480円
ナポリタン 500円

「前橋は喫茶店をやるには良かった。俺が来た時は小さいおばあさんがやっているような、街の喫茶店がいっぱいあった。前橋も、京都や桐生もそうだけど、衣食の交差点には文化が栄えるんだよね。そして文化のある所にコーヒーあり、ってね。はい、ナポリタンお待たせ」

このナポリタンも流行のものではなく、まさに喫茶店のナポリタンだ。

「これは嬉しい味、懐かしい味だな。こうして自分の店で好きなコーヒーを淹れて、お客さんにうまいといってもらえる。嬉しいよなあ」

嬉しいことはもう一つある。

「俺は昔からコーヒーはネルドリップで淹れてるんだ。最近になってネルドリップが流行ってきて嬉しい。自分がこだわってきた道が人から認められたみたいでね」

23

コーヒーショップ
ツネ

〚埼玉県・新田　1977年開業〛

※2020年内に建て替え

新田駅前にあるツネの目印は、屋根に掲げられた大きな看板。店内にはいつも明るく陽気な雰囲気が満ちている。これはひとえに店主の大串好子さんの人柄によるものだ。

　秋田から上京し、保育の専門学校に通っていた好子さんが、学校の友人とツネに足を運ぶようになったのは偶然のことだった。その頃カウンターに立っていたマスターの大串常次郎さんと好子さんが結婚したのは、さらにまた偶然というほかない。

「あの人が病気になった時に看病してあげて、その時からなんとなくね。おじいさんが『常次郎の結婚式は東京大神宮で』ってずっといっていたからそこで式を挙げたわよ」

　常次郎さんは大学卒業後、浅草の喫茶店で修業を積み、南千住でツネの一号店を始めた。その時に内装で使った鈑金の仕上がりが大層気に入り、新田に二号店を出す際にも立派な鈑金を作らせたのだという。

　店の屋根に乗っている巨大な看板がその鈑金で、職人が二人がかりでつくり上げたものだ。他にも細かい木片を組み上げてつくった壁や、音響メーカーも驚くほどの貴重なスピーカーなど、ここにしかない珍しいものがたくさんある。だが、好子さんにとっての宝物はもっと別にある。

「お客さんや周りの人との縁がすごく大事。主人が亡くなった時も周りの人たちが私や子どもたちを支えてくれた。この仕事をしていると、お客さんと会話ができることが凄く嬉しい。今度は私の番よ」

　好子さんは人の縁を結ぶために商店街の理事長としても働いている。「ツネ」の看板に守られながら。

●コーヒーショップ ツネ

埼玉県草加市金明町375-30
048-932-1528
9:30〜18:30／日曜・祝日休
東武スカイツリーライン・新田駅から徒歩1分

MENU(税込)

ブレンドコーヒー　410円
サンドイッチ　600円
昔懐かしナポリタン　700円
林さんが作ったシフォンケーキ(ドリンク付)　550円

COFFEE SHOP

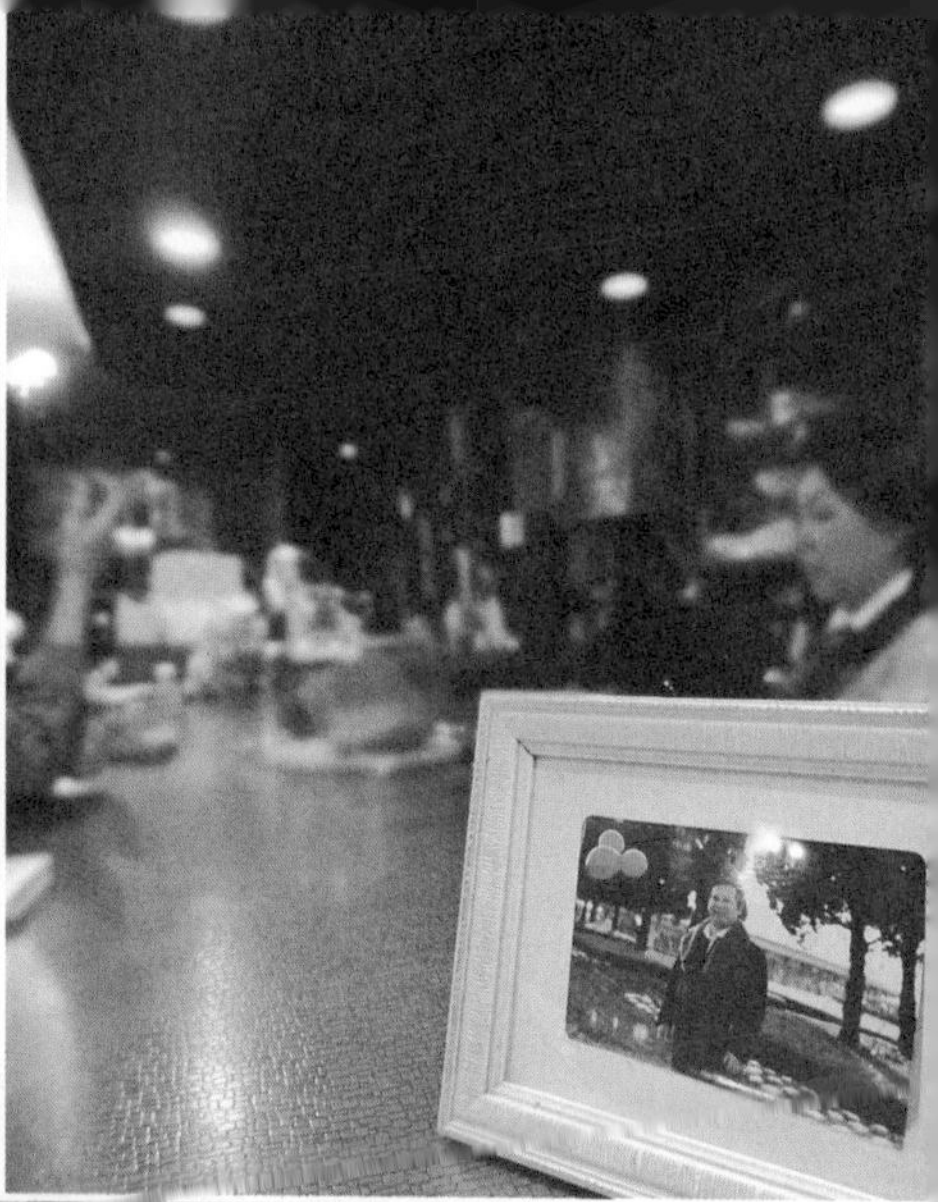

24 パーラーコイズミ

〚埼玉県・秩父　1967年開業〛

パーラーコイズミの人気メニューは、いちごやチョコレートのパフェ。老若男女に愛されるこのパフェには、ちょっとした歴史がある。

時計の針を少し戻そう。秩父生まれの小泉建さんが東京・上野の「永藤パン」の喫茶部（パーラー）で修業を始めたのは昭和三十三年のことだった。八年におよぶ修行の中で、仕入れから調理までを取り仕切るようになり、その後満を持して独立。

大都会・東京で鍛え上げた腕前とメニューを引っ下げて故郷に帰還した建さんだったが、困難に直面する。

当時は物資が豊かではなく、流通網も整っていなかった。コーヒー豆などは、上野時代に培った人脈を駆使して仕入れることができたが、パフェに使う生クリームがなかなか手に入らない。東京から運んだのでは

●パーラーコイズミ
埼玉県秩父市番場町17-13
0494-22-3995
10:00〜20:00
第3木曜休(臨時休あり)
秩父鉄道・御花畑駅から徒歩3分

MENU(税込)
いちごパフェ　700円
モカペア　550円
チョコレートパフェ　600円
自家製ハンバーグセット　950円
ナポリタン(自家製ソース)　700円

時間も経費もかかり過ぎてしまう。あちこち探して、苦心の末にあるアイスクリーム屋を探し当てた。何とか無理を聞いてもらい、やっとのことで仕入れた生クリーム。これを使ったパフェが大ヒットした。

秩父初のパーラーというもの珍しさもあり、多くの人々が店を訪れた。向かいに映画館があったことも追い風になった。

「結婚前にお客さんとして何度か来たことがありますが、凄い人気でした」と奥様の富美子さんが当時を振り返れば、「みんな『パーラー行くよ』とか『パーラーで会おう』といってね。ここらへんでパーラーといえばコイズミ、となったんですよ。誇りに思いましたね」と建さん。

今では子どもから大人まで、パーラーコイズミを知らない人はいない。

25 ヨーロピアン

〚千葉県・千葉中央　1978年開業〛

「千葉市内の峠の茶屋」

マスターの吉田正美さんはこの店のことをそう呼んだ。ヨーロピアンは千葉駅の繁華街の中心にある。店の外は昼夜を問わず賑やかだが、店内は深い森の湖のほとりのように、静かで落ち着いている。

「喫茶店というのは、本来は自分の、ものの考え方や心を休める所だと思ってるんだ。ここは疲れた心身を休める場所だよ」

この吉田さんの考えは、店内の雰囲気にも、席と席との距離にも反映されている。ほど良い距離が保たれた店内で、お客さんはそれぞれの過ごし方をしている。

「店名はヨーロッパ風の濃い目のコーヒーを出す店ですよ、という意味。だけど味覚というのは百人いれば百通りだからね。飲み方は好き好

き。「コーヒーは強制されるものではないよ」という吉田さんは、店とお客さんの距離という部分にも、気を配っているように感じた。

決して、お客さんに何かを押しつけることのない吉田さんだが、一つだけ小さなお願いがあるという。

「コーヒーは美味しいうちに飲んでほしい。食べものにも、飲みものにも、口にするのにちょうど良いタイミングがある。その時に飲むって行為が最近は失われつつあるのかも知れないね。うちでは、その一番美味しい瞬間を提供できるんだ」

現代は手づくりのものに触れる機会が減っている時代だ。世の中から手作りが少なくなっていることについて吉田さんは「職人という異端児を遠ざける動きがあるなあ」と笑う。

賑やかな都会を歩き疲れた時は、峠の茶屋・ヨーロピアンで足を休めたい。

●ヨーロピアン

千葉県千葉市中央区富士見2-14-7
043-225-4625
9:00〜21:00
月曜（祝日の場合火曜）休
JR・千葉駅から徒歩5分

MENU（税込）

ダッチコーヒー（水出し）　800円
ブレンド　550円
カフェオレ　600円
アイスコーヒー　550円
ケーキセット　800円〜

26 純喫茶 シマ

〖千葉県・柏　1967年開業〗

コーヒーを淹れ終わると店主の島根和子さんは勝手口から出て行ってしまった。どこへ行ったのかと思っていると、店の入口から現れた島根さんが「はい、お待たせ」とにっこり笑う。

シマの店内が落ち着くのは、毎日決まって昼が過ぎた頃だ。朝は、ボリュームたっぷりのモーニングを目当てにやってくるお客さんがシマのドアを開ける。昼は、ランチタイムをシマで過ごそうというお客さんが、近くのデパートや銀行からするするとやって来る。みんなお気に入りの席に座って、島根さんと笑顔で会話を交わしたり、雑誌を読んだり、自由に過ごしている。

シマの常連のお客さんは、たまにスタッフのような行動を取ることがある。島根さんがカウンターから遠

2016年11月30日　閉店

い席にコーヒーを運ぶ時は、一度勝手口から店の外に出なくてはならない。そんな時、気を利かせた常連のお客さんが、淹れたてのコーヒーを別のお客さんの元へ運んでいくのだ。なぜこのような不便な店舗設計なのだろうか。

「仕方ないのよ。店をつくった時は景気が良くて、まさか一人で店を回すなんて思わなかったからさ」とあっけらかんと笑う島根さん。昔はカウンターの中の厨房係と、料理を運ぶ配膳係、そして会計係と役割が分かれていたそうだ。

シマを始める前に島根さんは「花屋をやろうか喫茶店をやろうか迷っていたのよ」という。結局は喫茶店を開くことを選んだ島根さん。今、シマには多くのお客さんの明るく美しい笑顔が咲いている。

27

世田谷邪宗門

〘東京都・下北沢　1965年開業〙

※ 2020 年 4 月現在、営業自粛中。
データは変更されている可能性があります。

「名和さんに憧れて始めたんだよ」門主の作道明さんはそういった。名和さんとは「国立邪宗門」という喫茶店を営んでいた名和孝年さんのこと。名和さんと出会って、作道さんの人生は大きく変わった。

作道さんが富山県の高岡から上京したのは、喫茶店をやるためではなかった。デパートの丸井に就職し、店長格として中央線沿線の各店を忙しく行き来していた。

高円寺にあった丸井に勤めていた頃、仕事帰りに訪れたバー「フレンドサン」で一人の若者に出会う。彼は手品が得意で、そのテクニックに感動した作道さんに、彼はいった。

「国立にある喫茶店にいけば、マスターがもっと凄い手品を見せてくれますよ」

作道さんは喜び勇んで国立へ行き、そこで出会った名和さんの人柄と手品にすっかり心を射抜かれてしまう。

「手品やりたいんですって？」

名和さんのその一言で作道さんは出世街道に背を向け、喫茶店を始めることにしたという。

だが、邪宗門のマスターは手品ができないといけないという掟があった。作道さんは名和さんと、丸井で働いていた頃のお得意さんだった初代引田天功から手品を教わった。

手品、アンティーク、奥様による七宝焼き、押し花、店にまつわる文学など、この店には数えきれない魅力がある。その中でも最大の魅力は、なんといっても作道さんの存在だ。

「せっかくここまで築いたから、できる限りやるよ」と作道さん。この店自体が、種も仕掛けもない奇跡そのものなのだ。

●せたがやじゃしゅうもん

東京都世田谷区代田1-31-1
03-3410-7858
9:00～18:00
木曜休
小田急線・下北沢駅から徒歩15分

MENU

ブレンドコーヒー　500円
ウィンナーコーヒー　700円
(森 茉莉から教わった)紅茶　500円
クレオールコーヒー(濃さ2倍)　700円

28

喫茶 メイ

〖東京都・日本橋　1963年開業〗

2016年11月30日　閉店

東京証券取引所がある兜町は日本の株取引の中心だ。その巨大ビルの前にある小さな喫茶店は、隣接する日本郵船の食堂としてつくられた。店の中ほどにあるドアはその頃の名残りだ。

「うちの店では違う証券会社の人が情報交換をしてたよ。一か月で二億動かすような業界の神様って人もいたな。だけど取引所も場立ちがいなくなって、完全機械化して活気がなくなっちゃったな」

マスターの岡田さんは四十六年間、メイでコーヒーを淹れ続けている。

店の裏手には川が流れていたが、東京オリンピックの時の埋め立てで、今はわずかに面影を残すばかり。

「床をはがすと川面に降りるために使っていた階段があるんだよ」というのはちょっとした秘密。

リリーのカウンターは、マスターの根本勝浩さんを中心にして、半円形になっている。お客さんは横に並びながらもお互いの顔が見えるのだ。「喫茶店ていうのは遊び心や横のつながりがないと成り立たないよ」という根本さんがここにいるのも、そんなつながりに導かれたからだった。

根本さんは日大の芸術学部に通っていた頃、池袋西口の喫茶店「ネスパ」でアルバイトをしていた。そこではコーヒーの淹れ方と喫茶店の意味を覚えた。

人の紹介で「一か月だけ」のつもりで手伝いに来たのが、このリリーだった。それから四十年。気づけば長い年月が過ぎていた。根本さんがつけた、やわらかいアルコールランプの火の向こうに浮かぶのは、ネスパの面影だろうか。

29

サイフォンコーヒー

リリー

〖東京都・石神井公園　1963年開業〗

●サイフォンコーヒー リリー

東京都練馬区石神井町3-29-5
03-3995-9695
10:00〜19:00
日曜・祝日休
西武池袋線・石神井公園駅から徒歩５分

MENU(税込)

コーヒー　460円
カフェオーレ　550円
トーストサンド　650円
クリームソーダ　550円
日替わり弁当　800円

上野の地下には丘がある。上野公園の上野山から、アメ横を挟んだ反対側に口を開けた階段が丘への入口。

開業は東京オリンピックが開催された昭和三十九年。マスターの三浦哲男さんの親戚が、御茶ノ水駅前で営んでいた「丘」という喫茶店の暖簾《のれん》分けだった。本家の丘は文字通り駿河台の丘の上にあったのだ。

三浦さんは喫茶業を通して時代の流れを感じているという。最初からガムシロップを入れていたアイスコーヒーも、最近は別々に出すようにした。使う砂糖の量も減らした。街も変化し続けている。

「昔は洋服屋とか魚屋とか色んな店があったんだけど、バブルが弾けると飲食店ばかりになった」

この丘からは、上野の街がよく見渡せるのだ。

30 純喫茶 丘

〖東京都・上野　1964年開業〗

●じゅんきっさ おか

東京都台東区上野6-5-3 尾中ビル地下
03-3835-4401
10:00〜17:30(土・日曜・祝日は〜17:00)
月曜休(祝日の場合は翌火曜休)
JR・御徒町駅から徒歩3分

MENU(税込)

ホットコーヒー　480円
コーヒーフロート　650円
クリームソーダ　650円
ミックスサンドセット　880円(単品750円)
ナポリタンセット　880円(単品700円)

●おぎくぼじゃしゅうもん

東京都杉並区上荻1-6-11
03-3398-6206
16:00〜22:00／不定休
JR・荻窪駅から徒歩1分

MENU(税込)

邪宗門ブレンドコーヒー　500円
ルシアンコーヒー　550円
ベネディクティン・コーヒー　900円
ウィンナー・コーヒー　520円

31

荻窪邪宗門

〚東京都・荻窪　1955年開業〛

風呂田和枝さんがコーヒーをテーブルに置き、微笑みながら語ってくれた、ご主人との想い出。

和枝さんは北九州で生まれ、戦後すぐの頃は家の手伝いをしていた。食べものも充分にない時代だったが、和枝さんの母親は近所の子どもや和枝さんの兄の同級生達の面倒を見ていた。その中にことあるごとにご飯を食べに来る男の子がいた。その男の子こそが、後に和枝さんの夫になる風呂田政利さんであった。

「まさか結婚するなんて思ってなかった。結婚した後で『お前を目当てに行っていた』っていわれてびっくりしたのよ」

その後、同郷の名和孝年さんが「邪宗門」という喫茶店を始め、二人もまた邪宗門を始めた。和枝さんの記憶の中の、懐かしい日々。

32 純喫茶 モデル

〚神奈川県・石川町　1974年開業〛

横浜といわれて思い浮かべるのはどんな景色だろうか。年配の人が持つ横浜のイメージは、伊勢佐木町や桜木町の商店街だろうか。若い世代にとっての横浜は、みなとみらいや山下公園、赤レンガ倉庫だという。過去の横浜と現在の横浜。モデルはその境界線の上にある。

　中華街が近い石川町の駅前にあるモデルは、昭和三十年頃に横浜市西区・伊勢町にあった小さな喫茶店にルーツがある。

「うちの母は洋裁をやっていて、ファッションモデルに憧れていたんです。伊勢町の頃から店の名前はモデルでした」

　そう語るのは店主のみどりさん。姉の洋子さんと弟の卓《たく》さんと共に、母親の白井雪江さんの店を守っている。まだ既製品が手に入れづらかっ

●じゅんきっさ モデル

神奈川県横浜市中区吉浜町1-7
045-681-3636
10:00〜17:00
不定休
JR・石川町駅から徒歩1分

MENU(税込)

ブレンドコーヒー　400円
ココア　550円
ウィンナーコーヒー　500円
オムライス　750円
リミットセット（ブランチ）　800円

た頃、雪江さんは得意の洋裁で色々な服をつくっていたという。

「私も母の作った服を着て発表会に出たことがありました。母は自分がなれなかったモデルに憧れて、喫茶店にその名前をつけたんです」

店は四十年ほど前に石川町に引っ越した。一生懸命に営業しているうちに街の古株になっていた。

「昔あった中小企業のビルは、みんなマンションになっちゃった。元町の商店街も外国のものを売る店がたくさんあって面白かったんだけどね」

昔のままの内装を保つモデルには、映画やドラマの撮影のオファーがよく来る。

「古いだけなんだけどねえ」と笑うみどりさん。雪江さんの憧れから始まったモデルは、いつからか誰かの憧れる店になっていた。

33

鹿鳴館

〘神奈川県・大口　1981年開業〙

「うちでコーヒーを飲んで、一歩ずつ進んでいってほしい」と、カウンターの向こうでぴっと背を伸ばしたマスターの宮田博夫さんはいった。

麻布で生まれ、航空隊での軍生活を経験し、戦後はメーカーの研究員として働いた宮田さん。「人生とか将来とかを会社や家庭の外で話し合うのは大事なことなんだ」と定年後、会社の慰留を断って喫茶店を始めた。

「鹿鳴館」という店名には「篤《あつ》くもてなす」という意味が込められているという。マホガニーで統一された店内は、文士の応接間のようだ。

また、宮田さんは富士登山の愛好会「富士喜楽会」の会長でもある。「今も毎年登ってるよ。人生は色々ある。この歳になっても迷うことがあるんだ。逆にいえば人生はまだまだ登り続けられるってことさ」

●ろくめいかん

神奈川県横浜市神奈川区大口通122
045-433-3814
10:00〜16:30／不定休
JR・大口駅から徒歩5分

MENU（税込）

ブレンドコーヒー　500円
アメリカンコーヒー　500円
カフェオーレ　600円

鎌倉・長谷にあった「鎌倉邪宗門」は老朽化で閉店した。「再開も考えましたが、鎌倉は人が多い。お客さん一人一人を大切にするために、小田原に移りました」。そう語るのは門主の竹石友威さん。竹石さんはお寺の生まれだが「和尚といえど、頭を下げるということをしないと人間がおかしくなる」と考えている。

竹石さんが邪宗門を始めたのは二十九歳の時。慕っていた画家の井上三綱に同行した台湾の美術展で、「下田邪宗門」の神尾さんと知り合った。「長谷寺の門前に鬼が出るのも面白い」と、この縁から邪宗門を始めた。

店内では演奏会や美術展を催すことがある。いずれも移転したからこそできることだ。「高価なものではなく、良いものです」その言葉には大切な意味が込められている気がした。

34 小田原邪宗門

〚神奈川県・小田原　1971年開業〛

2019年12月28日　閉店

純喫茶の見つけ方

情報化社会の世の中でも、まだまだ多くの純喫茶が街に隠れています。

自分だけの特別なお店を発見できれば、純喫茶をもっと楽しめるはず。

純喫茶発見の極意
一、城下町に行く
二、小さな路地にこそ、大きな可能性あり
三、タウンページなど電話帳で「喫茶店」の欄を眺める

城下町には長い歴史があり、その分だけ多くの純喫茶があります。熊本城がある熊本では一日に十二軒の純喫茶へ行きました。

土地代が高い大通りよりも、その裏の小道や小さな商店街を探したほうが、純喫茶を見つけられる可能性が高まります。

不思議なもので多くの純喫茶へ行くうちに、店名を聞いただけで大体の開業年代や雰囲気が分かるようになってきました（あくまでおおよそです）。例えば「フレンド」や「ブラジル」など古い外来語の店名は純喫茶である可能性が高いです。

本書作成における冒険譚

一軒の純喫茶に行くために何時間もかけて移動するのが当たり前でした。飛行機で訪れた沖縄は、帰りのフライトの関係で、滞在時間は四時間ほどでした。四国では入り組んだ山脈に阻まれ、移動に時間がかかりました。窪川から松山への移動では電車が鹿にぶつかって、到着が遅れたり…。他にも秋田では一本前の新幹線が熊にぶつかっていました。

対照的に、交通網が発達している九州では、取材日の関係で三日間で行ったり来たりしました。熊本→佐賀→別府→伊万里→佐世保→長崎→久留米→大分→博多…こんな移動をすることはもうないでしょう（笑）。

冬にスキーで賑わう石打の取材は初夏でした。この日、石打駅で電車を降りたのは僕一人だけでした。長崎では泊まる場所がなく、野宿を余儀なくされましたが、長野では一人暮らしをしている弟に泊めてもらいました。

第3章

中部地方の純喫茶

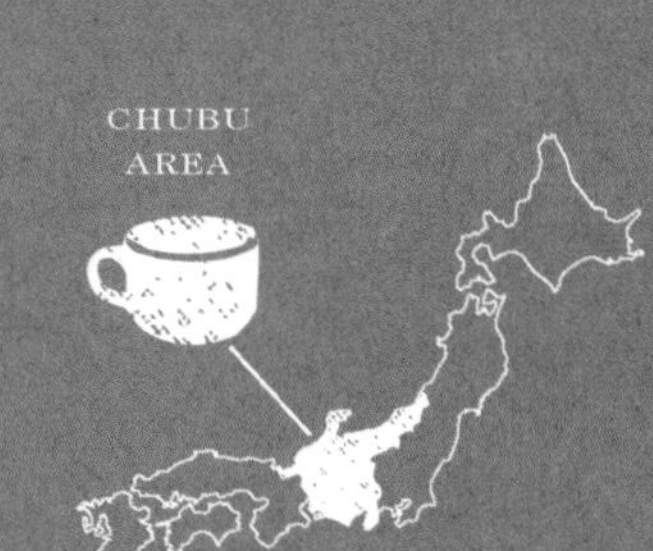

35

六曜館珈琲店

〚山梨県・甲府　1972年開業〛

緑のカーテンに包まれた六曜館珈琲店は「萬集閣」という旅館の一部だ。店主の成澤光子さんは語る。

「主人の父が始めた旅館が萬集閣。多くの人に集まってほしいという意味です。この喫茶店には骨董好きな主人の想いが詰まっています」

ご主人の秀仁さんの骨董好きは相当なもののようだ。実家である旅館の本館を骨董屋の市に貸していたことがあり、そこで秀仁さんは幼い頃から市を見ていたという。やがて自分でも骨董品に興味を持ち、集めては仲間と連れ立って東京の青山へ売りに行っていたという。

カウンターに置いてあるのは、現在では手に入れづらいサイホン。他にもステンドグラスや旧式の壁掛け電話など、アンティーク好きな人にはたまらないものばかりで、眺めているだけで時間がすぐに過ぎてしまう。壁には甲府にあった喫茶店のマッチが飾られている。そこに記載されている電話番号の市外局番から、年代がわかるのだという。

光子さん自ら特注のネルを使って淹れる六曜館ブレンド。カップは繊細なデザインだが厚手のつくりだ。

「淹れたてのコーヒーを提供するでしょ、唇に当たった時にカップが熱すぎないように厚焼きの器を使っています」と、お客さんへの配慮も忘れることはない。

六曜館の建物に覆いかぶさるように絡まるツタは、風が強い日は朝一番で光子さんが掃いて回っているという。「手入れが大変です。最初は少し絡まる程度だったのに」と笑う光子さん。その緑は、秀仁さんが人生をかけて集めた貴重なコレクションを守っているように見えた。

●ろくようかんこーひーてん

山梨県甲府市丸の内2-15-15
055-222-6404
9:00〜22:30
日曜休
JR・甲府駅から徒歩3分

MENU(税込)

六曜館ブレンド　550円
カフェオレ　550円
抹茶ミルク　550円
六曜館ケーキセット　1000円

宮川病院
旅館
萬集閣
旅館
萬集閣

電話三十九番

36

喫茶 富士

〚山梨県・月江寺　1965年開業〛

富士山の麓《ふもと》の街・月江寺にある富士は飯島志津夫さん、栄子さん夫妻が始めた喫茶店だ。

東京の大森で生まれ育った志津夫さんは、写真家として多くの賞を受賞するなど活躍した。志津夫さんが療養のために富士吉田へ居を移した昭和三十七年頃は、まだ道の整備も不充分で、月江寺は小さな田舎町だった。志津夫さんは写真の仕事のために東京に足を運んでは、都会の生活への渇望感を紛らわせていたという。栄子さんもまた東京の生まれ。自然に囲まれた暮らしでは、淋しさや恐ろしさを感じることもあっただろう。

しかし、志津夫さんはこの地での暮らしを続け、何度か富士山に登るうちに、その神聖さや厳しさを含んだ優しさに強く惹かれていった。そ

●きっさ ふじ
山梨県富士吉田市下吉田850
0555-22-5226
12:00〜20:00／日曜休
富士急行線・月江寺駅から徒歩5分

MENU(税込)
ホットコーヒー　400円
カフェオレ　450円
紅茶　400円

して、富士山の撮影をライフワークにすることを決めた。

「富士山はただ登るものではなく、景観や人々の信仰などそれ以上の意味があるんです」と栄子さんは語る。

まだ各家庭に電話がない時代に、この場所に仕事用の電話を引き、連絡所を兼ねて喫茶店を始めた。店名はもちろん富士。当時コーヒー豆などの物資は定期的に運行する貨物列車で届けてもらっていたという。

数年前に志津夫さんは富士山を見下ろす場所へと旅立ったが、店内には志津夫さんが遺した美しい写真がいくつも飾られている。その足元には小川を模して水が流れ、橋がかかっている。

志津夫さん、あなたが愛した美しい富士山は、ついに世界にも認められましたよ。

画廊喫茶

37 ロートレック

〚長野県・善光寺　1974年開業〛

西洋の雰囲気を纏うロートレックは、善光寺のわき道を少し行った所にある。大正時代から続いた映画館の跡地と聞けば、その建物の壮大さもうなずける。

「主人が映画好きなのでこの土地に出会えたんです」と微笑むのは麗しき店主の山口正子さん。ロートレックは一階が喫茶店、二階が画廊になっている。正子さんのご主人は絵の収集家で、たびたび東京に足を運んではあちこちの画廊でその造詣を深めているという。

正子さんは化粧品会社に勤めた後、喫茶店を始めた。何事も本格的に取り組む性格で、当時新宿にあった東京喫茶学院で喫茶業を学んだ。「コーヒー一つとってもプライドを持って淹れているの。喫茶学院を出たということが大きな自信になっているわ」

朗らかさと凛とした雰囲気を併せ持つ正子さんは「ロートレックの売り物は私のまごころよ」と微笑む。お客さんとの長い関係性自体が何よりも強い売りなのだ。

「お客さんをもてなすためには自分が楽しい人生を送らなくては」と考える正子さんは、実に様々な趣味を持っている。写真歴は二十年以上。取材中もこちらのカメラを手に取り、撮り方のコツを教えてくれた。店外で育てる蘭の栽培歴は十年以上。他にも冬になると周りの人に編み物を教えたりしているという。

この世のあらゆるものには値札がついている。どんな名画も大金があれば手に入る。だが、ロートレックについた値札には、こう書いてあるように思えた。「あなた次第」と。

2015年5月　閉店

2013年8月31日　閉店
建物の老朽化により、66年という長い歴史に幕を下ろしました。

38

珈琲の奈良堂

〚長野県・権堂　1947年開業〛

草木に囲まれた白い壁。格子がかかったステンドグラスの窓。真っ直ぐ延びた木製のカウンター。これだけ趣きがある店なのに、マスターの長峰孝春さんは「喫茶店の雰囲気をつくるのはお客さんだよ」という。

ここはもともと画材店で、画材を買いに来たお客さんに、二階でコーヒーを出したことから喫茶店が始まった。六十年以上店を切り盛りしていた「ママ」こと河原千重子さんがいなくなり、現在店に立つのは長峰さん一人だ。

「喫茶店は時間と空間をドリンクに加えて提供するんだ。うちは文化人や旦那衆がたくさん集まってくる店。耳と目と舌で楽しむ店なんだ。俺は空気みたいなもんだから」

しかし、その空気こそがこの店の全てでもあるのだ。

アベはマスターの安部芳樹さんの父親が始めた喫茶店。現在の店舗は昭和五十三年のやまびこ国体に向けた再開発の時にできた。

アベ名物の一つにモカパフェがある。これは子どもだけではなく、様々な世代が注文するメニューだ。モカパフェ一つからも、アベのファンが幅広い世代であることがわかる。

冠名の「珈琲美学」について聞くと、「うちはコーヒーとその周りの文化を売っているんです。時間と空間がリアルタイムであることが大事で、ここに来ないと味わえないものがあるんです」と安部さん。たとえばコーヒーは一杯ずつハンドドリップで淹れる、その人のためだけの一杯。

人の気持ちが店をつくる。重ねた年月と注ぎ続けた想いの分だけ、アベはまた魅力を増していく。

39

珈琲美学
アベ

〚長野県・松本　1957年開業〛

●こーひーびがく アベ
長野県松本市深志1-2-8
0263-32-0174
7:00〜19:00（モーニングは〜11:00、LO18:30）／火曜休
JR・松本駅から徒歩3分

MENU（税込）
スタンダードコーヒー　450円
モカパフェ　780円
モカクリームオーレ　550円
コーヒーゼリー　500円
モカケーキ　380円

40 シャモニー 本店

〖新潟県・古町　1972年開業〗

古町の商店街にまだ屋根がなかった頃から続くシャモニー。マスターの野沢信行さんがコーヒーと出会ったのは、小学生の頃だったという。

「母親がグリーンマークというシールを集めるキャンペーンで、サイホンを手に入れたんです。アルコールランプを使う家庭用のものでね。お茶屋さんでコーヒー豆を買ってきて、それを煎って自分でコーヒーをたてた時の感動。あそこから全てが始まりました」

学校を卒業した野沢さんはコーヒー豆の卸屋に宛てた手紙を持って、飛び込みで修業を申し出た。

「東京の大手町の合同庁舎の中にあった鈴木コーヒーで働くことになりました。当時の金額で、一か月約五万円で一年間修業しました」

新潟に戻った野沢さんは銀行や証

券会社が多い、喫茶店を営む上では最高の場所にある古民家で店を始めることができた。この幸運の裏側には、人と人との縁がある。

野沢さんの実家は床屋で、「親父が近所の電気屋と仲が良くて、新潟で初めての『音楽が流れる床屋』として有名でした」という。

そして、この電気店の店主がその古民家のオーナーでもあったのだ。「新潟で一番良い場所です。東京の大手町から新潟の大手町へ、ですね。百年もつ床に、釘を使っていない杜。焙煎室として使っている場所はもともと風呂でした」

何事もとことんやるのが野沢さんの性分だが「コーヒーはやればやるほどわからなくなる」という。今ではシャモニーにはいくつかの支店ができ、それぞれ息子さん達が働いている。父から子へと、シャモニーの味は続く。

●シャモニー ほんてん
新潟県新潟市上大川前7-1235
025-222-0730
7:00〜19:00(祝日は10:00〜19:00)
日曜休
JR・新潟駅から徒歩20分
市バス・「本町」下車徒歩5分

MENU(税込)
シャモニーブレンド珈琲　400円
コールド珈琲　450円
コールドエキスシャモニカン　500円
ブレンドコーヒー豆(100g)　500円

41

石打邪宗門

〘新潟県・石打　1980年開業〙

冬場はスキー客で賑わう石打の国道沿いにある、教会のような外観の喫茶店。建築は「国立邪宗門」と同じく天野翼によるものだ。屋根にそびえる十字架は誰を想うのか。

　マスターの林利貞さんは父親がロープトウ（リフトの一種）を経営していた石打丸山スキー場で自身もレストランを営んでいた。そこで家族とスキーをしに来ていた「世田谷邪宗門」の門主・作道さんに出会う。意気投合した作道さんがいった言葉が林さんの人生を変えることになる。

「農繁期が終わったらコーヒーのたて方を覚えませんか？」

　こうして丸山スキー場の三号リフトの終点につくられたのがカフェレストラン邪宗門。丸太で組まれた山小屋の店だった。コーヒーは作道さんの紹介により邪宗門の宗主に習った。

　その後山を下り、店は今の場所へ移った。林さんは当時を振り返る。

「作道さんは田舎にいる私を導いてくれた先生のような人です」

　林さんが心に決めているのは、「国立邪宗門の名和さんが遺したブレンドを守ること」だ。林さんにとっての先生である作道さんが、さらに師と仰ぐ名和さん。その功績は計り知れない。

　メニューの中にはコーヒーぜんざいなど寒天を使ったものがある。実はこの寒天は伊豆の下田産。

「下田邪宗門に行った時にいい寒天を見つけて、それからずっと仕入れています。レシピは下田のママさんの考案です」

　人との出会いで人生が変わり、道ができた。名和さんという稀有な人物を中心として巡る邪宗門物語。

●いしうちじゃしゅうもん

新潟県南魚沼市関928-3
025-783-3806
10:00～17:30／木曜・第2土曜休
JR・石打駅から徒歩12分

MENU（税込）

レギュラーコーヒー（モカベース）　530円
ウィンナーコーヒー　650円
ロシアコーヒー　660円
あんみつコーヒー　700円

42

珈琲駅
ブルートレイン

〖富山県・富山　1980年開業〗

ブルートレインは内装が昔の三等車のようになっている。注文を受けるとマスターの中村正陽さんは模型のコースに電車を走らせる。

「これはあくまでサービスなんです。電車を通して精神的な豊かさを感じてほしいんです」

ジャズ喫茶へ行く人が皆ジャズに精通しているわけではないように、電車もまた熱心なファンだけのものではない。「何となく好き」という人が多いのも電車の強みだ。中村さんは電車に興味がある全ての人を歓迎する。

富山は数少なくなりつつある市電が走る街。店内には富山のみならず全国の市電の模型が飾られている。その鮮やかな色彩や洗練された形状に、「これ綺麗!」「うわあ懐かしいなあ」と子どもと親が一緒になって

●こーひーえき ブルートレイン

富山県富山市鹿島町1-9-8
076-423-3566
10:00～18:00／火曜休
JR・富山駅から徒歩20分
市電・安野屋駅から徒歩3分

MENU(税込)

ブルートレインコーヒー(ブレンド)　500円
SLブレンド(炭焼コーヒー)　550円
オレンジコーヒー　600円
コーヒーチーズケーキ(自家製)　550円
サンドイッチ　750円

楽しんでいる光景を見て、中村さんは優しく微笑む。

　富山で生まれた中村さんはクラシック音楽に親しみ、自身もオーケストラでチェロを弾いていた。市内の別の場所で名曲喫茶を営んでいたことがあり、そこではスピーカーを劇場風に組んだりと色々と工夫したが、目指す店にはできなかったという。その後、あらかじめコンセプトや内装を念入りに決めてから、ブルートレインを発車させた。

　店の売りは電車の他にもある。大型の器具で淹れる水出しコーヒーや名作オレンジコーヒー、そして自家製コーヒーゼリーを時刻表仕立てのメニューから選びたい。

　コーヒーを片手に、ことこと走る電車の音に耳を傾ける。これがこの店のコンサートなのだ。

●じゅんきっさ ツタヤ

富山県富山市堤町通り1-4-1
076-424-4896
7:00〜17:00(金・土曜は不定期で〜22:00)／火・水曜休
JR・富山駅から徒歩15分
市電・西町駅から徒歩1分

MENU(税込)

ツタヤブレンド　470円
Kōkichiブレンド　520円
Fumikoブレンド　520円
アイスコーヒー　520円
オムレツセット(モーニング)　770円

43

純喫茶

ツタヤ

〖富山県・富山　1923年開業〗

富山県で最古の喫茶店ツタヤは、再開発に伴い平成二十三年に休業し、二年後に再開を果たした。

店主の宇瀬政厚さん、輝子さん夫妻は再開発の話が出た時「またやりたい。ぜひ続けたい」と思ったという。「近代的な暮らしの中の交流の場になりたい」という政厚さん。

ツタヤは輝子さんの父の石田孝吉さんがジャワ島に渡り、そこから送られてくる豆を使って祖父が始めた、親子三代に渡る店だ。再開後の店舗でも、店の歴史や常連のお客さんとのつながりを守りたいと考えた。

内装にはレンガや昔のランプなどを所々に使いながらも、大きなガラス窓を配し、明るい店内にするなど、時代に合わせた配慮を怠らない。十年先、二十年先を見据えて「県内最古の喫茶店」であり続ける。

高岡邪宗門を始めたのは開田佐吉さん。会社勤めを辞めて喫茶店をやろうと思っていた所、いとこが「世田谷邪宗門」の作道さんの兄と結婚した。こうしてできた縁をたぐって、佐吉さんや娘の節子さんは世田谷へ修業に行った。新潟の「石打邪宗門」で冬季のバイトをしていたこともあるというから、各地の邪宗門の門主の協力がなければ高岡邪宗門はなかったかも知れない。

佐吉さんの跡を継ぎ、節子さんと姉の裕子さんが守る店内は、常連のお客さんで賑わっている。

「うちのお客さん、みんな始めは一人ずつのお客さんやった。うちで仲良うなってるね」と節子さん。

「ここに来て色んな情報得てるの。ここへ来ないと取り残されるわ」

一人が笑うと、みんなが笑った。

44 高岡邪宗門

〖富山県・高岡　1970年開業〗

●たかおかじゃしゅうもん

富山県高岡市三番町50
0766-22-1459
8:00〜18:30
不定休
JR・高岡駅から徒歩7分

MENU（税込）

ブレンドコーヒー　400円
アイスコーヒー　450円
ピザトースト　530円
ウィンナーコーヒー　450円

命あるものは全て、いつか終わりを迎える。絶滅の淵で咲く花の名は「ローレンス」。

店主の邑井知香子さんは自分のための目標として「五十周年まではやる」と決めているという。

「自分が頑張るための目標なんです。スポーツ選手が『次のオリンピックまで頑張ります』というように」

誰もが安らげる場所として父親がつくり、母親と共に守ってきた店を、今は知香子さんが守っている。

金沢美術工芸大学を出た知香子さんの専門は静物画。「色褪せた壁に合うよう枯れた草花を置いているんです」と、芸術への深い造詣がローレンスという世界を形づくっている。能登地震でできた壁のひび割れも、歳月と共に色褪せる内装も「四十七年の年輪のようなもの」だという。

純喫茶

45

ローレンス

〖石川県・金沢　1966年開業〗

五十周年まで店を続けるため、休業日をつくらず営業時間を短くした。知香子さんと母親と弟の三人でこの店を守り続けていくための決断だ。

「これは私たち家族のやり方なんです。絶滅の時に我が家特有の終わり方をしたいだけ。多くの方が当たり前になさっていることを私たちはしたがらないのね。みんな趣味を全うしたいと思っています。私は個展を開いてからこの世を旅立ちたい。それぞれの趣味をしながら、この生を全うしたい」

この世に生きる全てのものにとって例外がないように、ローレンスの終幕も少しずつ確実に近づいている。「食べることと生きることは違うから」。知香子さんはそういった。

ローレンス、世界の終わりまで君のそばにいよう。

●じゅんきっさ ローレンス
石川県金沢市片町2-8-18
076-231-1007
16:30〜19:00(およそ)
不定休
北鉄バス・「香林坊」下車徒歩1分

MENU(税込)
ホットコーヒー　550円
アイスコーヒー　600円
ココア　600円
ミルクティー　600円
ハーブティー(自家調合)　600円

46 ティールーム泉

〖石川県・小松　1966年開業〗

石川県輪島で生産される漆器は輪島塗と呼ばれ、堅くて丈夫な実用性と、美しい蒔絵飾りの美術性が高く評価されている。百を超える製造工程は、全て手作業で行われる。

ティールーム泉もまた、マスターの手づくりによる美しい喫茶店だ。斜めに切られたカウンターの飾り棚や暖炉は、マスター自ら考案し、大工と力を合わせてつくったもの。

大正十年生まれのマスターは文化的な家庭で育った。父親は創設者の大隈重信が生きていた頃に早稲田大学を卒業。茶道の流派の一つである裏千家の師匠であり、俳句も嗜んでいたという。そんな環境で育つうちに、マスターの中には文化や芸術を愛する人格が形成されていった。

マスターは北海道大学の理学部を出た後、小松に戻り旧制学校で教員

●ティールームいずみ
石川県小松市飴屋町20
TEL非公開
8:00〜17:00／不定休
JR・小松駅から徒歩3分

MENU
ホットコーヒー　350円
アイスコーヒー　400円
レモンスカッシュ　400円

をするかたわら、趣味で絵を描いていた。店に飾られている絵画はどれもマスターのコレクションで、中にはマスター自身の作品もある。

店の天井を見上げると英字新聞のようなものが一面に貼られている。これは「シネモンド」という昭和二十年代のフランスの映画雑誌。パリに行くことを夢見ていたというマスターの強い憧憬が感じられる。

シネモンドを眺めていると天井近くの棚に、スピーカーが横倒しで置いてあるのが見える。これは店でレコードを流していた頃の名残り。「昔は五分から三十分おきにレコードを裏返さなきゃならなくて大変だった」と語るのは店を守る奥様。スピーカーの角度を苦心して調整するマスターの姿が目に浮かぶように思えた。手づくりの、素敵な店をありがとう。

福井の市電沿いのビルの地下にある寛山。開業当初は付近の会社員を始め、毎日たくさんのお客さんがこの店の雰囲気を求めて訪れた。百席以上の収容力を以てしても、階段に順番待ちの列ができるのを止められなかったというから、その盛況ぶりは計り知れない。

これだけ人気の喫茶店が生まれた経緯は何か。創業者の一人である伊坂悦子さんと現在の社長である息子の晃さんに話を聞くことができた。

かつて悦子さんとご主人は、この場所にあった旧館の一階で「ニュー丸の内」という喫茶店を経営していたという。晃さんは語る。

「僕が大学生の頃です。カウンターが十席くらい、テーブルが十卓くらいの店でした。ビルを建て替える時に上の階は貸すことになったので、

47

王朝喫茶 寛山

〖福井県・福井 1974年開業〗

広い地下で店をやることにしました」

豪華絢爛な内装にも理由がある。悦子さんが振り返る。

「当時は私達が喫茶店をやるというと親戚はあまり良い顔をしませんでした。それなら親戚が人に自慢したくなるような、応援したくなるような店をつくろうと決めました」

店を始めるにあたり、近畿、四国、大阪、名古屋、東京の店を見て回った。米子のホテルの大浴場で見たビーナス像にも強い影響を受けた。

「店名を決める時は、歴史や地理の本など、資料をどれだけ読んだか分かりません」と悩み抜いた末に付けた名は「寛山」。豪華な店に合うよう、「広くゆったり、身も心も安らぐ場」という意味を込めた。内装や備品にもこだわったことで、ここにしかない雰囲気をつくることができた。

「変わらないね、といわれると、変わったのは私だけよっていうの」と笑う悦子さん。きっと寛山開業の日もこんな風に微笑んでいたのだろう。

●おうちょうきっさ かんざん

福井県福井市中央1-4-28
0776-23-2810
8:30〜18:30
日曜休
JR・福井駅から徒歩3分

MENU(税込)

寛山特製ブレンドコーヒー　450円
アイスコーヒー　480円
ココア　550円
ぜんざい　650円
五目チャーハン　750円

COFFEE HOUSE

48

マタリ

〚福井県・福井　1970年開業〛

駅前の大規模な再開発に伴い、アーケード商店街がまるごと一つ歴史の彼方に消えた。対象区域がもう少し広かったら、マタリもなくなっていただろう。開発のために人間が街を変えていくのは仕方がないことなのかも知れない。しかし、そうした過渡期に迷いを感じる人もきっといるはずだ。心を静めたり、昔を懐かしんだりできる場所を、いつもどこかに持っていたい。

「向かいの店の人達もみーんな来てくれたわよ」

店主の橋本千鶴子さんは窓の外を眺めながらそういった。視線の先には空き家になった商店群。再開発のための立ち退きは既に終わっており、人の姿はない。

橋本さんは企業の重役秘書や洋裁学校の教員を経て、喫茶店を始め

2019年9月20日　閉店

た。店に漂う気品と包み込むような雰囲気の源は彼女だ。

「毎日三百人くらいお客さんが来る日が、三年くらい続いたわよ。うちは二階だし、そんなにお客さんは入らないと思っていたから驚いた」

角の角度を決めるのにとても苦労したというカウンターは、お客さんの体にあたる部分を丸く削り、クッションで包んでいる。そういった所にも、何気ない優しさがある。

「やわらかくて優しいカウンターよね」「そうだね、昔から同じだ」と、その席にいた夫婦らしき常連のお客さんの会話が聞こえた。

しばらくしてその二人が帰った後、橋本さんはぽつりと呟いた。

「結婚前からうちで待ち合わせをしてたのよね。少しはキューピッドになれたかしら」

49

喫茶 ドン

〖岐阜県・高山　1951年開業〗

店に入ると、白いカバーがかかった椅子が整然と並んでいるのが目に飛び込んでくる。高山の空にも似た清冽な、白。「いらっしゃいませ」とカウンターからは活き活きとした声が飛んで来る。

「コーヒーが美味しいといわれることが本当に嬉しいんです」とマスターの和田恭直さんは胸に手を当てながらそういった。ネルドリップで淹れるドンのコーヒーは、爽やかなコクを持つ逸品だ。

ドンは和田さんの父親である茂美さんが終戦後、バーテンを経て開いた店。いささか自由人であったという茂美さんは店を留守にすることが多く、そんな時は恭直さんの祖母が店に立っていたという。

ドンは一般家庭にテレビが行き渡っていなかった頃からテレビを置き、お客さんはプロレスや野球観戦に熱中していたという。カウンターに座ったお客さん達は身を乗り出し、背を反らし、競うように店の奥のテレビを見ていたそうだ。その時から続くメニューの一つにチーズケーキがある。

「考案したのは親父なんです。スポンジにチーズクリームが入ってて、なかなかよそにはないでしょ」

季節を問わず人気の「カフェミットルム」は、観光に来ていた外国の人のリクエストから始まった。

「コーヒーにラム酒を入れてくれ、というんです。しょうがないからケーキ用のラムを入れて、そこにミルクを入れたらこれがおいしかった。それからメニューに加わりましたね」

奥様の直子さんと二人の娘さんに支えられて、恭直さんは今日も心のこもったコーヒーを淹れている。

●きっさ ドン

岐阜県高山市本町2-52
0577-32-0968
7:30〜18:00
火曜休
JR・高山駅から徒歩8分

MENU(税込)

コーヒー　450円
カプチーノ　500円
カフェミットルム　550円
プリン　400円
チーズケーキ　400円

COFFEE

Don

DON
珈琲
COFFEE
&
CAKE
営業中
coffee
Don

DON

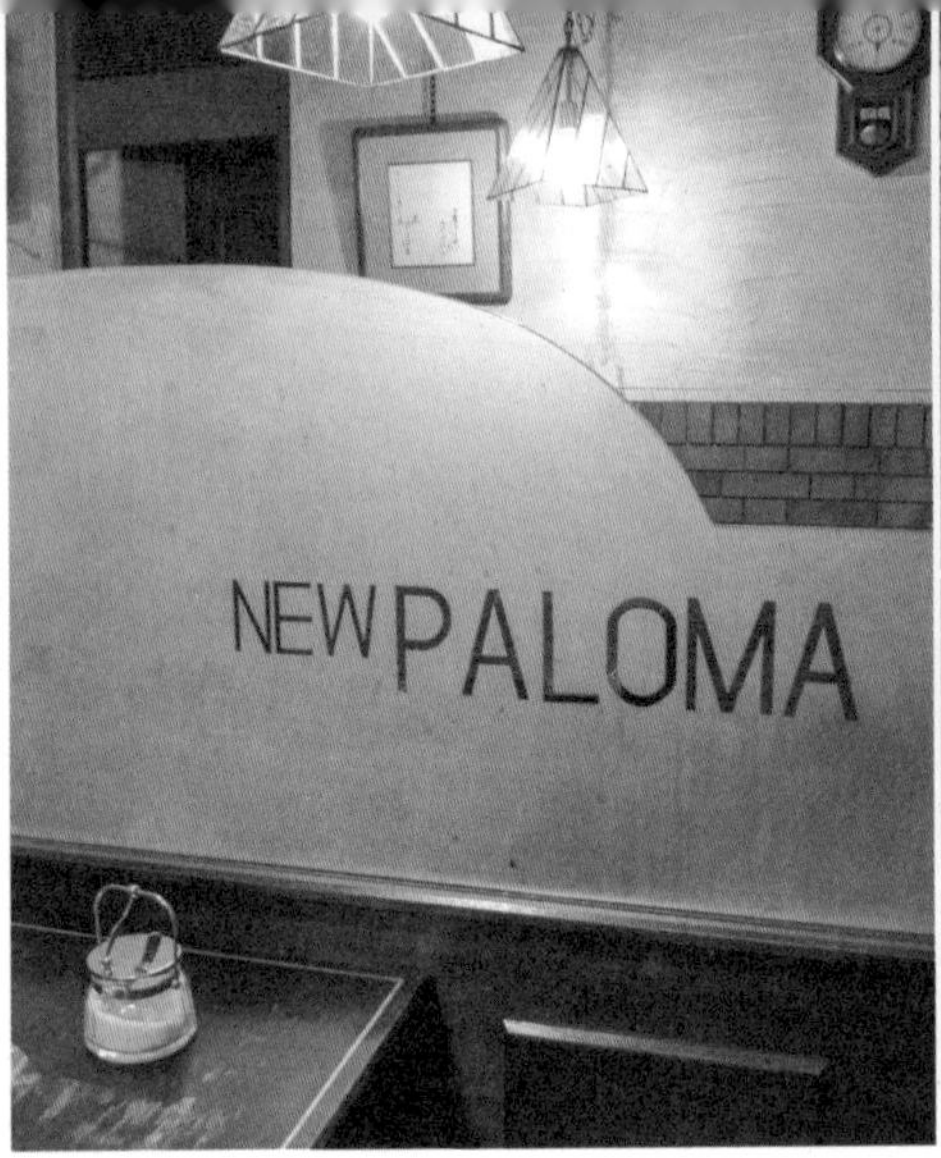

50

ニューパロマ

〚岐阜県・岐阜　1968年開業〛

ニューパロマは岐阜・柳ヶ瀬のアーケード商店街にある。「パロマ」とはフランス語で鳩のこと。

「商店街は屋根があるよりも空が見える方がいいなあ。うちは鳩だから」

　そんな冗談をいうのはマスターの水川薫さん。母親は同じ街の千手堂の交差点のあたりで「パロマ」という喫茶店をやっていたという。その後、実家の写真屋を改装してできたのがニューパロマだ。

　店内の壁には無数の戸棚があって、それぞれコーヒーカップが一つずつ納まっている。改装で半年間休業したことがあり、その間もお客さんに覚えていてもらえるようにと、一人に一つ、カップをプレゼントして、それをボトルのように店にキープしているのだという。なんとも粋な試み。

●ニューパロマ

岐阜県岐阜市柳ケ瀬通3-24
058-262-2087
6:00〜15:00(月3回の日曜は〜11:00でモーニングのみ)
無休
名鉄・名鉄岐阜駅から徒歩15分

MENU(税込)

ブレンドコーヒー　400円
カフェオーレ　450円
ワイルドなジンジャーエール　400円
ミルクティー　400円

「向かいの店に集金に行って、道路の向こうから見ると、うちの店もまんざらじゃないなと思うの」と笑うのは山脇栄子さん。チロルの明るい店主だ。チロルの外観は、北欧風の名前とぴったり合う。設計は名古屋の建設会社・末徳組の流れを汲む。

「この辺は濃い味が人気なんだってね」というチロルのコーヒーは昔ながらの味。山脇さんが修行をした豆屋が、地域による味の好みを調べて配合を考えてくれたという。

「日曜以外は休まず、いつも花があるようにする」という山脇さんの考えを貫くチロルの店内は、落ち着いた雰囲気。この雰囲気を味方につけて、道路の向かいにある自動車ディーラーがまとめてきた商談は数知れない。山脇さんは微笑む。「多治見は暑いでしょ。涼んでってね」

51 チロル

〚岐阜県・多治見　1967年開業〛

●チロル
岐阜県多治見市前畑町3-90
0572-22-9849
8:30〜16:30
日曜休
JR・多治見駅から徒歩10分

MENU(税込)
コーヒー　380円
カフェ・オーレ　400円
紅茶　380円

52 ボンネット

〚静岡県・熱海　1952年開業〛

コーヒーとハンバーガー。戦後、日本に深く浸透していったこれらのアメリカ文化を、いち早く取り入れた喫茶店がある。

マスターの増田博さんの人生は、学生時代に飛び込みで始めた米軍の将校クラブでのアルバイトがきっかけで、歯車が回り始めたという。将校クラブにはジャズなどの音楽や演劇など、それまでの日本にはなかったようなエンターテイメントがあふれていた。「もともと映画は好きで、戦前から洋邦問わず観ていました」という増田さんだが、直に触れたアメリカ文化のパワーはスクリーンで見るよりも凄まじかった。

そこで初めて口にしたのが、ハンバーガーだ。その味、形に惚れ込み、日本ではまだ存在が広まっていなかったハンバーガーを提供する喫

●ボンネット

静岡県熱海市銀座町8-14
0557-81-4960
10:00〜15:00／日曜休
JR・熱海駅から徒歩15分

MENU(税込)

ブレンドコーヒー　450円
ハンバーガー&コーヒー　800円
チキンバスケット　950円

茶店を開くことを決意した。親戚を頼って熱海の地を踏み、昭和二十五年の熱海大火で更地になっていた場所でボンネットを始めた。

「ボンネット」というのはヨーロッパの伝統的な女性用の帽子のこと。

「『イースター・パレード』というアメリカ映画で、ボンネットを被った女性が大勢出て来て、ひさしに花を飾るシーンがあるんです。当時の熱海は芸者さんが千人以上いる街だったので、女性が入りやすい店にしようと思ったんです。女性がいると安心して男性も入ってくるでしょ、そう思ってボンネットに決めました」

ボンネットはお座敷前の芸者達がハンバーガーをほおばる店としてたちまち有名になり、人気店になった。

今も変わらぬ情熱で、増田さんはハンバーガーを提供し続けている。

門主の神尾吉郎さんと「国立邪宗門」の名和孝年さんが、「味も店もオリジナリティがないと駄目」と考えた末に辿り着いた特別なコーヒー。「僕にとって本当に大事なのは、名和さんと考えたオリジナルコーヒーの味なんです」と語る神尾さんが、吉祥寺にあった邪宗門で名和さんに出会ったのは高校生の頃だった。「懐かしいなあ。名和さんと国立を歩いていると、すれ違う人がみんな頭を下げるんだ」

ある時、下田の古民家に空きがあることを耳にした神尾さん。一目見て気に入り、その場所で店を始めた。「この店の色は名和さんと塗った。あらゆるものは、手をかければかけるほど良くなるんです」

名和さんと過ごした日々の記憶は、神尾さんの中で今も輝いている。

53 下田邪宗門

〚静岡県・下田　1966年開業〛

●しもだじゃしゅうもん
静岡県下田市1-11-19
0558-22-3582
10:30〜16:30
水曜休
伊豆急行線・伊豆急下田駅から
徒歩5分

MENU(税込)
邪宗門マイルドコーヒー　500円
ウィンナーコーヒー　650円
ティ パフェ　650円

54

こんどうコーヒー

〚静岡県・浜松　1951年開業〛

●こんどうコーヒー

静岡県浜松市中区千歳町14
053-455-1936
8:00〜21:00
火曜休
JR・浜松駅から徒歩5分

MENU（税込）

コーヒー　470円
カフェオーレ　520円
サンドイッチ　750円
千枚の林檎　450円
ココア　520円

浜松・千歳町の小道に建つ一軒の喫茶店。創業者の近藤仲雄さんは、店に出ることは少なくなったが、九十歳を超えた今も健在だ。店のロゴやイラストを描いたのも仲雄さんだ。店は、娘の和子さんが切り盛りしていた時代を経て、現在は東京で修業を積んだ孫の厚さんが守っている。

昔、この辺は置屋の街で、飲食店が多かった。店ができる前、ここは洋菓子職人だった仲雄さんの菓子工場だったという。そのため店にはケーキやアップルパイなどの菓子のメニューが多い。その中でもプリンは、戦後すぐに始めた歴史ある人気メニューだ。どの菓子も、厚さんがネルドリップで淹れたコーヒーと抜群に合う。

近藤家のコーヒーと菓子は時代を超えて愛されているのだ。

名古屋市中村区には昭和中期の街並みが残る。あふれる笑顔や優しい気持ち。誰もが持っていたけれど、いつの間にかなくしてしまったものが、ここでは見つかりそうだ。

ロビンの朝は早い。午前四時に店を開けるために田畑克治さん、幸子さん夫妻は午前三時に起床する。朝早くから来るお客さんがいるのは、ロビンが愛されている証拠だ。

店を始めたのは、克治さんの父親。開業から数年後、洋菓子屋の喫茶部で働いたことのある克治さんと幸子さんが引き継いだ。克治さん二十五、幸子さん二十一の年だった。

半世紀以上の間、一緒に働く二人の息はぴったり。「いっしょにいることが自然になった」と、交わす目配せや細かい仕草の中に、積み重ねた年月が見え隠れする。

55 珈琲家 ロビン

〚愛知県・名古屋　1957年開業〛

お客さんは、二人と話をしに来る人や、開業時から通い続けている人、散策の途中で偶然に立ち寄る人もいる。様々なお客さんを包み込むのは二人の大きな愛。そのためかロビンの店内はいつも、温かく明るい雰囲気に包まれている。

ロビンに集まる人の輪の中には二人の大事な家族もいる。娘、孫、そして今はひ孫の櫻ちゃんがいて、「櫻、ロビンやる！」と早くも後継者宣言が飛び出しているから、この店の未来は明るい。

家族がいるから頑張れる。家族は助け合っていくもの。ロビンは人とのつながりの大切さを教えてくれる。心が落ち着く場所があって、心を許せる人がいる。そんな温かい光景が、ロビンには当たり前のようにあった。

●こーひーや　ロビン

愛知県名古屋市中村区寿町36
052-481-2329
4:00〜15:00
日・月曜休
JR・名古屋駅から徒歩15分

MENU（税込）

コーヒー　350円
紅茶　350円
ココア　400円
カフェ・オーレ　380円

シューカドー

〖愛知県・名古屋　1939年開業〗

堀田の駅前に立つと、高速道路や何台もの自動車、そして住宅街が目に入る。現在の姿から想像することは難しいが、この街は半世紀前には一面の焼け野原だったという。シュードーカドーの歴史は、逆境の中を何度も立ち上がってきた復興の記録でもある。

「戦争の時に、名古屋は焼夷弾を落とされたので、ペンペン草も生えないような状態でした」

マスターの渡邊鉅基さんの父親である先代が始めた菓子店が、シューカドーの前身だ。店名は先代が持っていた生け花の号「秀華堂」から取ったという。

南方戦線から帰国した先代は、マラリアに苦しみ、店舗も焼失しているという状況の中、バラック小屋で何とか菓子店を再開させた。満身創痍。しかし人々はたくましかった。

「あの頃は何でも売れた時代でしたね。父が快復してからはアイスキャンデーを扱って、飛ぶように売れたし、菓子部と喫茶部で三十人を使っていたこともありました」

しかし、昭和三十四年の伊勢湾台風で、堀田の街はまたも大きな被害を受けた。店も浸水したが、それでも再び立ち上がった。

「台風が来ても大丈夫なビルを建てることを決めて、親父が心斎橋や三宮の色々な店を見て勉強して来たんです。ゆっくりしたい人のために中二階や半地下の席をつくって、一階は天井を高くしてシャンデリアを吊り下げるなど、どの席も退屈しないようにしたんですね」

ここには逆境に負けずに咲き誇る「華」があるのだ。

2018年10月15日　閉店
（ビル解体のため）

ジャンルで見る純喫茶

純喫茶といってもその種類は千差万別。店にはそれぞれの個性があります。好みに合った純喫茶を探してみましょう。

【秘密基地系】… ちょっと奥まった路地や地下など、外界から隔絶された空間。秘密の話をするにはうってつけだ。都会の喧騒に疲れたあなたへ。

ジャズスポット ロンド（P18）／ニューパロマ（P96）／CAFÉ DE チャップリン（P146）

【大広間系】… 楽々と大人数を収容できそうな広々とした店内。クラス会や忘年会に使いたい時は、貸切ＯＫか聞いてみよう。

純喫茶 マツ（P40）／シューカドー（P104）／純喫茶 アメリカン（P128）／純喫茶 エトワル（P156）

【ポストモダン系】… 芸術的な趣きがある純喫茶。「建築」「美術」といった言葉を連想させる外観・内装である。創業者や常連客、あるいは関係者に芸術関係者がいることが多い。

名曲と珈琲 ひまわり（P12）／フィンガル（P38）／喫茶 マドラグ（P124）／城の眼（P162）／屋根裏 獏（P178）

【船系】… 店内が船の船室や、操舵室のような内装のお店。店主の趣味が釣りやヨットなどの海に関するものであることが多い。錨《いかり》や操舵輪などの装飾品がある場合もある。

珈琲艇 キャビン（P132）／喫茶 エデン（P134）／珈琲専門店 くにまつ（P192）

【山系】… ログハウスなどの山小屋風のお店。店主の趣味が「登山」であることが多い。冬の季節にホットコーヒーを飲むと、過酷な冬山にいるような気分になり、一層美味しく感じられる。

挽香（P8）／鹿鳴館（P66）／喫茶 富士（P72）

【青春系】… 若者たちが集まったり、デートしたりといった青春の日々を思わせる純喫茶。青春の情感たっぷりで切なくなる。

ドン・モナミ（P32）／喫茶 MG（P150）／喫茶 こいぬ（P158）／純喫茶 シグナル（P194）

【ツタからまってる系】… ツタは、緑のカーテンとして夏の暑さや冬の寒さから店を守る気のいいやつだ。その実態は、最初は控えめだったが成長しすぎた大自然の申し子。

道玄坂（P24）／珈琲専門店 煉瓦（P34）／六曜館珈琲店（P70）／珈琲店 淳（P170）／JAZZ＆自家焙煎珈琲 パラゴン（P198）

【神殿系】… パルテノン神殿のような柱や豪華なステンドグラス、シャンデリアがある。厳粛な雰囲気の中で飲むコーヒーは一段上の味がする。気分はもうアクロポリスの丘。

王朝喫茶 寛山（P90）／純喫茶 ヒスイ（P112）／カフェ・ド・BGM（P182）

第４章

近畿地方の純喫茶

57

サンモリッツ

〚三重県・津　1965年開業〛

サンモリッツがある一帯は「大門」と呼ばれている。その名の通り、津観音の門前町として発展してきた歓楽街だ。かつて大門には娯楽の代名詞である映画館がいくつもあった。サンモリッツは映画館「津東宝」併設の喫茶店として産声を上げた。

「書店にいたんやけど、店主が厳しい人で、怒られるのが嫌で辞めたんや。その後に映画館で働くことになって、映画で働く女なんて嫁のもらい手がないぞって冷やかされたなあ。私は美空ひばりが大好きで名古屋の御園座まで追っかけをしに行ったりもしたから、映画館は身近にあったんや。そして縁があって映画館の横で店を始めることができたんや」

そう語るのはみんなから「ママ」と呼ばれて親しまれている村田芳子さん。娘の寿代さんと連携プレーで店を守る。「おはよう、トマジューとバナナね」と、常連のお客さんとの会話はあうんの呼吸だ。

サンモリッツの内装は喫茶店建築で有名な清水武による設計。特徴は大きな円形カウンター。サンモリッツを模倣する店が後を絶たず、三重一帯にその様式が広まったという。

開業からしばらく経った頃、広い店内を持て余していたことがあった。そこに訪れたのは芳子さんが書店に勤めていた頃に知り合った教育長。客の入りが思わしくないことを聞いた教育長は、「よっしゃ、任しとけ」といってあちこちでサンモリッツを宣伝してくれた。その結果サンモリッツには様々な学校の教員が集まり、彼らの議論の場、そして憩いの場となった。「おたくの店は先生しか入りよらんのかっていわれたくらいだった」と芳子さん。

サンモリッツに起こった出来事は、映画のように美しい物語だった。

●サンモリッツ
三重県津市大門32-3
059-226-7067
9:00～18:00(日曜・祝日は～17:00)
水曜休
JR・津駅から徒歩15分

MENU(税込)
ホット珈琲　400円
ミックスサンド　600円

58 喫茶 新光堂

〖三重県・桑名　1957年開業〗

桑名には「新光堂」という店が二軒ある。一つは喫茶店、もう一つは書店だ。いずれも昔から街に根を下ろす老舗である。そして、その二軒には深いつながりがある。

店を切り盛りするのは佐藤忠男さん、佐知代さん夫妻。戦前に忠男さんの父親は名古屋の矢場町の書店に奉公していたという。その書店の名前は「文光堂」。そこで勤め上げたあと、奉公先から名前をもらい「新光堂」という書店を桑名の田町で始めた。佐知代さんが見せてくれた当時の写真には、着物姿の人々が街を行き来する様子が写っている。新光堂の喫茶部は書店に併設する形でスタートした。

桑名の街は東海道五十三次の四十二番目の宿場町として、古くから開けていた。人々は七里の渡しと呼ばれる渡し船で川を行き来し、春は土手沿いの桜並木が花見の名所として賑わっていた。

　しかし、暗く長い太平洋戦争へ突入したことで桑名の街は一変してしまった。忠男さんは語る。

「B29が九十機飛んできて、全部焼けたんだ。布団を被って必死で逃げた。町内の区分けや道路と家の境目もなんも分からなくなるくらい原っぱになってしまった」

　アメリカ軍は航空機の部品工場が多い桑名を狙い撃ちにした。住宅や商店も全てなくなった。あれだけ賑わった桜並木も、幸せな日々も。

　戦後の混乱を経て、新光堂は現在の場所へ移転した。新しい国道一号線沿いの目立つ場所だ。佐藤夫妻を始め、店には桑名の昔を知る人生の先輩が多く集う。

「八間通りには日本一短いチンチン電車があったんよ」

　桑名の昔を知りたい時は、新光堂の門を叩いてみてほしい。

2015～16年頃　閉店

59

純喫茶 ヒスイ

〚和歌山県・和歌山　1964年開業〛

2020年4月現在　休業中

和歌山の街は「ぶらくり丁」という大きな商店街を中心として東にJRの和歌山駅、西に南海電鉄の和歌山市駅がある。南側には和歌山城がそびえている。ぶらくり丁の歴史は城下町の商業地帯として始まった。

「昔から和歌山市駅のほうが身近でなあ、今でもみんな市駅、市駅と呼んどるよ。国鉄のほうは昔、東和歌山て呼んでてな、なーんもない所やった」

和歌山の昔の姿を教えてくれたのはヒスイのマスター・高木淳彰さん。御歳八十を超えるが、その記憶は驚くほど鮮明だ。ヒスイのあるぶらくり丁についても、「昔はこんな屋根はなかったが、ぶらくりいう言葉は私が子どもの時からとうにあった。百年くらい経っている言葉と違うかな」

一世紀を超す歴史を持つ商店街にあるヒスイ。開業の鍵は昭和三十年の大阪・心斎橋にあった。

当時高木さんは、現在ヒスイがある場所で「VAN」という木造の喫茶店を営んでいた。だが、大阪に訪れた時に心斎橋で見つけた、豪華な内装の喫茶店に心を奪われてしまう。その店に感銘を受けた高木さんは、大阪から有名な建築士を呼んで、ヒスイをつくった。

吹き抜けの壁に輝くステンドグラス。遥か頭上で煌めくシャンデリア。さながら異郷の宮殿のようだ。

「始めからこういう建物でこういう喫茶店をやると決めてたんや。空いとる建物に喫茶店が入ったんやのうて、この建物がヒスイをやるための建物なんや」

ヒスイはこの街と共に美しく輝いている。

●じゅんきっさ ヒスイ

和歌山県和歌山市中ノ店南ノ丁9
073-432-3271
9:00〜17:00
火曜休
南海電鉄・和歌山市駅から徒歩15分

MENU

コーヒー　350円
ケーキセット（自家製）　390円

純喫茶
ヒスイ

60

珈琲専科

べる・かんと

〚和歌山県・紀伊田辺　1978年開業〛

この世界にはいくつもの可能性がある。たった一杯のコーヒーが未来を変えることもある。

マスターの大野貴生さんは予備校生時代、故郷の和歌山を離れ、東京の西荻窪に下宿していた。その時に、同じ寮に下宿していた友人に誘われて行った「荻窪邪宗門」で口にしたコーヒー。

「二人ともストレートコーヒーを頼んだね。確かモカとキリマンジャロだった。コーヒーがうまいって思ったのは、初めてだったよ」

しかし時代は安保闘争の真っ只中。大学にはバリケードが張られ、若者の夢が踏み潰されていた。新宿西口の地下では、べ平連のフォークゲリラが反戦歌を歌っては警官と衝突する日々。「毎日お祭騒ぎみたいな時代だった。みんな熱く激しくて

●こーひーせんか べる・かんと

和歌山県田辺市湊961-5
0739-25-0591
9:00〜22:00(週2回11:00〜)
無休
JR・紀伊田辺駅から徒歩1分

MENU(税込)

ブレンドコーヒー　400円
アイスコーヒー　420円
ウィンナーコーヒー　550円
ココア　550円
コーヒーぜんざい　600円

大学はどうでもよく思えちゃった」という大野さんは浪人生活を経て、大学に入るが、東京での生活に飽きて大阪へと移る。

関西の大学へ入り直そうとしていた頃、病院を経営していた父親が亡くなり、大野さんは和歌山へ戻った。「何をしようかと考えて、頭に浮かんだのが、浪人時代に飲んだ荻窪邪宗門のコーヒーだった。喫茶店やろうと決めたんや」

激動の時代の中で飲んだ一杯のコーヒーの味は、大野さんの中で忘れられることなく生き続けていたのだ。

もし大野さんが東京に行っていなかったら、荻窪邪宗門に出会っていなかったら。大野さんとは出会えなかったかも知れない。一杯のコーヒーが未来を変え、素敵な出会いをもたらしてくれた。

季節の移ろいが激しい街でも、一年中変わることのない世界が広がっている喫茶店。夏も冬も、朝も夕方も外界のことなんてお構いなしに、店内はコンサートホールのように安らかな空気で満ちている。

初めて「UCCカフェメルカード」を訪れたのは冬だった。近畿地方と北陸地方の縫い目に位置する彦根の冬は長い。琵琶湖を渡ってきた風を受けて、雪がはらはらと舞う。すっかり歩き疲れていた頃に店の灯りを見つけて、ほっとしてドアを開けた。

店内は奥行きがあって、外観から想像するより遥かに広い。ほっと一息ついだ所で、目に入ったカウンター。店の中央で楕円形に組まれたその中で、忙しく立ち回っていたのが、マスターの藤居信義さんだ。

61 UCCカフェメルカード

〖滋賀県・彦根　1972年開業〗

藤居さんはいくつかの仕事を経た後、兄からこの店のマスターの座を継いだ。以降、長い間このカウンターから彦根の街を見守ってきた。

「彦根の街も少しずつ変わっています。彦根には滋賀大学があって、このあたりは下宿屋が多かったんです。今はワンルームマンションが増えましたね」

カウンターに座っていた二人のお客さんが静かにうなずく。こんなに広い店内なのに、二人とも藤居さんと話しやすい場所から動こうとしない。お客さんの中には、この店に立ち寄ったことが縁で、藤居さんの紹介するマンションに住むようになった人もいるという。

いくら街が変わろうとも、ここには変わらない日常の時間がある。その中心にはいつも、藤居さんがいる。

●ユーシーシーカフェメルカード

滋賀県彦根市中央町1-4
0749-23-3798
7:30〜18:00／土曜休
JR・彦根駅から徒歩15分
※店内禁煙

MENU(税込)

メルカードブレンド　100円
モーニング(4種、〜11:30)　550〜600円
ワッフル　380円
手づくりドレッシング(450ml)　600円

62 喫茶 ライフ

〖滋賀県・近江八幡　1978年開業〗

ライフができた頃、近江八幡の駅舎はまだ小さな木造の建物だった。昔このあたりは湿原で、ロータリーの一帯もかつては沼地だったという。

そんな近江八幡の駅前にあったうどん屋「丸三食堂」がライフの前身だ。マスターの片岡晙益《さえき》さんの実家の丸三食堂は、駅の改装に合わせて新しい商売を始めようとしていた。晙益さんが京都の食堂での修行の後に始めたのがライフだ。

「店の真ん中に柱があるでしょ。これは当時の建築方法の特徴なのよ」と話すのは奥様の鶴代さん。レンガをふんだんに使った広々とした店内で、思い思いの時間を過ごす人々。店名には、「人々の生活の一部になるように」という願いが込められている。

「モーニングを毎朝食べに来るお客

●きっさ ライフ

滋賀県近江八幡市鷹飼町1496-1
0748-33-2226
9:00〜20:30／金曜、第2・第4水曜休
JR・近江八幡駅から徒歩30秒

MENU（税込）

ホットコーヒー　400円
アイスコーヒー　420円
オムライス　700円
プリンアラモード（自家製）　600円

さんが大勢いるの。一日でも来ないと心配になっちゃう。お子さんが塾に行ってる間に休憩するママさん方や、家でコーヒーを飲んでいても美味しくないからといってうちに来て下さる方もいます」

生活の一部であるからこそ、ライフは日々進歩している。「マスターはコーヒーの味にまだ悩んでいるんですよ」という鶴代さん。沼地であったこの土地からは、あまり良い水が出ない。「美味しいコーヒーのために色々試しました。私が軽トラックを運転して永源寺の清水を取りに行ったこともありました。それが重くてね」と笑う鶴代さん。

今日より良い明日を迎えるために、今日を頑張って生きよう。ライフにはそんな前向きなエネルギーがあふれていた。

グランプリ
クレラップ
クレラップ

63

グランプリ

〚奈良県・高田　1955年開業〛

高田は紡績業の街として発展してきた。それらの工場は戦中、軍需工場へと転用されていたため、空襲の標的にされた。大日本紡績を始め、多くの工場が焼夷弾の攻撃を受けた。

「家もないし何もないし、土手店でパンを十円で買うて食べたんや」

グランプリのマスター・倉本さんは終戦直後の高田の街について振り返る。働く場所もなかなか見つからず、倉本さんは大阪のタクシー会社に勤めた。数年の勤務の後、地元の高田で商売を始めることになる。

グランプリがある高田の天神橋筋商店街は、戦後の闇市にそのルーツを求めることができる。

「親父が商工会議所でレストランをやっとったんや。この店も始めは明治コーナーのアイスクリームを売る店やった」

また、倉本さんは自ら認める自動車狂である。本格的に喫茶店を始めるとなれば、店名をどうしようかと迷うものだが、倉本さんに迷いはなかった。富士自動車ショーを観に行った時に耳にした「グランプリ」という言葉の響きが気に入ったのだという。

「車は十五、十六台は乗り換えてるな。始めはダットサンの三十何年型、次にブルーバード、それからスリーエス、プリンススカイライン、BMW、フォルクスワーゲン、ポルシェ、クラウンカスタムにいって、またダットサンやな」

赤いランプで照らされたグランプリの店内。壁にはもちろん自動車の絵が飾られている。

戦争の爪痕が癒えるほどの時間が流れた高田の街。グランプリにはいつまでもぶっちぎりの営業年数で走り続けてほしい。

●グランプリ

奈良県大和高田市本郷町6-27
0745-52-3360
10:00〜17:00／不定休
JR・高田駅から徒歩10分

MENU(税込)

ホットコーヒー　400円
ココア　400円
レモンスカッシュ　400円

64

珈琲屋

エル・ムンド

〚奈良県・奈良　1974年開業〛

エル・ムンドとはスペイン語で「空間」あるいは「世界」という意味だ。ここは、小宇宙のように完結した一つの世界である。カウンターに立ち、微笑むのが店主の海田《かいだ》喜美子さんだ。

「来て下さる方一人一人に誠実に接したいです。エル・ムンドは味を売っている店であると同時に、雰囲気を売っている店なんです」

窓際に置かれたレコードプレイヤーとスピーカーが、心地よい音楽の粒子を放っている。「音楽があればお店と、来て下さるお客さんの気持ちが潤うかなと思って。そこにオーケストラがあるかのように鳴らしています」と語る海田さんだが、この調整がなかなか難しく、高い機材を集めてつなげたとしても良い音が鳴るとは限らないのだという。

「アンプとスピーカーの相性、持ち主の人間性が鳴りに関わってくるんです。だから私はできるだけゆとりを持ってお店に立つようにしています。自然体でいながら、素敵なコーヒーや音楽を提供することを考えています」

他にも店の隅々に海田さんの想いが散りばめられている。ガムシロップは出来合いのものではなく、ゆっくり時間をかけて砂糖を水に溶かしたもの。コーヒーを注ぐカップも焼きのいい上等なものを集めた。

「コーヒーと音楽は似ているかも知れませんね。なくても生きていくことはできるけど、それがあるだけで人生が豊かになる」

喫茶店がなければ、世界はきっと今より味気ないだろう。人生をより豊かなものにしてくれる喫茶店という場所へ、これからも足を運び続けたいと思う。

●こーひーや エル・ムンド

奈良県奈良市東向北町8-4 大学堂2F
0742-24-4545
10:00〜18:30
月曜休
近鉄・近鉄奈良駅から徒歩2分

MENU(税込)

ブレンドコーヒー　500円
ブルーマウンテン　900円
アイスコーヒー　500円
紅茶　500円
フレッシュジュース　800円
※アレンジコーヒーあり

65 喫茶 マドラグ

〚京都府・烏丸御池　2011年開業〛

継続は力なり。継承は技なり。そして喫茶は業なり。これは二十一世紀に生まれた純喫茶の話。

マドラグには様々な人の魂が集まっている。マスターの山崎さんは京都で生まれ、様々なバーやカフェで働いて経験を積んできた。そんな山崎さんが自分の店をつくった背景にある想い。

「京都の歴史ある店がどんどん潰れていくのを見てきました。『クンパルシータ』という喫茶店のママさんが亡くなった時、自分には力がなく、素敵な店がなくなるのに何もできなかったのが嫌だった」

そんな想いを抱えていた時に、山崎さんはとある空き店舗に出会う。そこはかつて「セブン」と呼ばれた喫茶店。一目見て「これはやらなあかん」という使命感に駆られたとい

●きっさ マドラグ

京都府京都市中京区押小路通西洞院東入ル北側
075-744-0067
11:30〜売り切れまで
日曜休
地下鉄・烏丸御池駅から徒歩5分

MENU(税込)

マドラグブレンド　550円
クリームソーダ(赤／緑)　550円
コロナの玉子サンドイッチ　800円
自家製ケチャップの鉄板ナポリタン　910円

う。山崎さんを連れてきた不動産屋さんが、セブンのマスターの息子の幼馴染みだったというのは、果たして偶然だったのだろうか。

面影は残そう、セブン時代のお客さんを大事にしよう、いいものを残そう。セブンの魂が一冊の本になってマドラグの本棚に収まっているような感覚。その本棚には山崎さんがかつて働いたフランソワの本も、玉子サンドを継承したコロナの本もある。そして「クンパルシータ」という背表紙の本も。本を片手に座るその椅子は、平成十八年に閉店した「名曲喫茶みゅーず」のものだ。

「マドラグ」はフランスの女優・ブリジッド・バルドーの別荘の名前。「マドラグへ帰りたい」が、仕事で疲れた時の彼女の口癖だという。

安息の場所、マドラグへようこそ。

翡翠の広い店内を切り盛りするのは、マスター・中井秀雄さんと十人のアルバイトの学生さんだ。

「落ち着く雰囲気をつくりたいが、ずっと店にいる僕は目が慣れてしまっとる。若い子らの文句でもええねん、翡翠をもっと良くするにはどうしたらええか教えてほしい」と語る中井さんの表情は優しさにあふれている。

「五十代、六十代の人も、若い人も店に来て欲しい。そのためにはアルバイトのみんなが必要。あの子らが翡翠を助けてくれてるんや」

店でアルバイトをしていた学生さんが就職活動の時に、その礼儀正しさを誉められたという話も嬉しそうにしてくれた。

「働けるっていいことやん。バイトの子と話すのも楽しい。働きながら僕も翡翠に育てられとるんやね」

66 純喫茶 翡翠

〚京都府・北大路　1961年開業〛

●じゅんきっさ ひすい

京都府京都市北区紫野西御所田町41-2
075-491-1021
9:00〜21:00(日曜は〜20:00)／無休
市バス・「北大路堀川」下車徒歩1分

MENU(税込)

ブレンドコーヒー　430円
カフェオーレ　500円
ナポリタンスパゲティ
ハンバーグ添え　920円
チーズトーストセット　700円

67

静香

〚京都府・千本今出川　1937年開業〛

●しずか

京都府京都市上京区今出川通千本西入ル南上善寺町164
075-461-5323
9:30〜18:00／水曜（祝日、北野天満宮の縁日の日は営業）、第2火曜休
市バス・「千本今出川」下車徒歩1分

MENU（税込）

珈琲　420円
ミルク珈琲　480円
ホットケーキ　450円

数多くの喫茶店がある京都には、創業から半世紀が経過している老舗が少なくない。先斗町のような繁華街、祇園のような観光地でなくともそのような老舗が点在している。

「父は頑固やったさかい、独学で自分の思う通りに店をやってきたんよ」

店主の宮本和美さんが父親のことを懐かしそうに語ってくれた。「若い時は男前でな、家にいさせるためにまわりのもんが喫茶店をやらしたんや。でもな、一つのことを続けてきた父をほんま尊敬してんねや」

そう話す宮本さんも一途に店に立ち続けている。

「家と店と百貨店しか行かんね。でも街の歴史に比べたらまだまだや」

一日一日を大切にして店を続けてきた。ふと気づけば老舗と呼ばれるほどの時間が過ぎていた。

68 純喫茶 アメリカン

〚大阪府・道頓堀　1946年開業〛

シャンデリアが輝く明るい店内。きびきびと働くウエイターとウエイトレス。そして美人姉妹。アメリカンはこの街がまだ傷だらけだった頃からこの場所で幸福を運んできた。

「その頃はそこの太左衛門橋は戦争で焼けてしまっていてね」と姉の陸《むつ》子《こ》さんがいえば、「物資がない時代でした。食材も手に入らんかったそうです」と妹の誠子さんが続ける。二人は店主である母親の山野華代子さんを支えるアメリカンの看板姉妹だ。華代子さんはカウンターの向こうで優しく微笑んでいる。

　店の始まりは陸子さんと誠子さんの祖父母がやっていた洋食屋まで遡る。大伯父が旧なんば花月の前で別の食堂をやっていたというから、二人の一族はこのあたりでは相当な古株だ。アメリカンの前の店名は「花

月」。時勢柄アメリカンという名前は難しかったのかも知れない。

昔から本物を志向する想いが強い店だという。「今も寒天や小倉あん、ソースは手づくりです。これはものがなかった頃からの伝統です」と陸子さん。飾られる花も全て生花だ。例え手がかかろうとも、妥協はしない。そうした想いを共有するため、ここで働くスタッフは同じ釜の食事を口にする。「おじいちゃんの頃からの一致団結精神」を大事にしているという。

「うちは昔から社員教育に力を入れているんですよ。大事な店の雰囲気やからね。制服もいいでしょ。二ヶ月に一回変わるんです」

この店はいつの時代も精神的な豊かさを感じさせてくれる。アメリカンへと続く橋を心幸橋と名付けよう。

●じゅんきっさ アメリカン

大阪府大阪市中央区道頓堀1-7-4
06-6211-2100
9:00～23:00(火曜は～22:00)
月3回の木曜(不定)休
地下鉄・なんば駅から徒歩4分

MENU(税込)

ブレンドコーヒー　570円
ミックスジュース　740円
ホットケーキセット　1000円(単品600円)
カスタードプリンセット　900円(単品570円)
ビーフカツサンドウィッチセット　2000円(単品1480円)

69 ザ・ミュンヒ

〖大阪府・八尾　1981年開業〗

「わざわざその店に行かな飲まれへんコーヒーをつくらなあかんねん」と語るマスターの田中さんは、美味しいコーヒーの噂を聞きつけるとすぐにバイク（スーパーカブ90）で駆けつける。大阪から日帰りで熊本に行ったこともある。しかし本人は「情熱を持って好きでやっとるから全然疲れへんねん」とどこ吹く風だ。

阿倍野で育った田中さんは京都や東京で学生時代を過ごし、多くの文学作品に親しんだ。東京では国分寺の牛乳屋で働き、一心不乱に金を貯めた。大阪へ戻ると鶴見区の牛乳屋の権利を手に入れ、瞬く間に事業を拡大させた。とことんやらなければ気が済まない性分なのだ。

しかし無理が重なり、心も身体もボロボロになっていた。そんな時、街で一台のハーレーダビッドソンに

●ザ・ミュンヒ

大阪府八尾市刑部2-386
072-996-0300
6:00〜27:00
無休(※電話で要確認)
近鉄・高安駅から徒歩15分

MENU(税込)

スパルタン　1400円〜
シルクロード　1400円〜
デミタスコーヒー　2000円〜
熟成樽仕込み氷温コーヒー26年物
11万円(おためし2200円)

出会う。一目惚れでこれを買い、バイクの虜になった。その後「発進の時にムチ打ち症になる」といわれるほどの馬力を持つ「ミュンヒ」というバイクが、どうしても欲しくなった。そして、大切にしてきたハーレーを売り、牛乳を配り続け、ようやくこれを手に入れる。その後牛乳屋は廃業し、父親がやっていた工務店を改装して喫茶店を始めた。

ミュンヒと、同時期に手に入れた「バンビーン」を月ごとに店に飾る。この二台を持っているのは世界で田中さん唯一人だという。そんな店内で飲むミュンヒのコーヒー。

「素晴らしいコーヒーには文化・哲学・知性があんねん」

ミュンヒのコーヒーはこの世の全てが凝縮された一杯。生きる勇気をくれる一杯だ。

70

珈琲艇

キャビン

〖大阪府・四ツ橋　1975年開業〗

●こーひーてい キャビン
大阪府大阪市西区南堀江1-4-10
06-6535-5850
7:00〜18:00(土曜は9:00〜18:00、日曜・祝日は12:00〜18:00)
不定休
JR・難波駅から徒歩3分

MENU(税込)
ブレンドコーヒー　385円
ココチーノ　660円
ウィンナー珈琲　495円
ポパイサンド　880円

道頓堀に面したビルの地下に、まるで船のような喫茶店がある。店内にいると、ここが喫茶店であることを忘れてしまいそうになるほど。

「動きますか?っていわれた時は驚いた反面、嬉しかったわ」と笑う平谷佳子さん。ご主人の清一さんと共にキャビンを運航している。キャビンを始めた頃は今より喫茶店が多く、街は右も左も喫茶店だったという。

その中でもキャビンは一際異彩を放っている。雨が入ってこないといわれる日立造船製の窓や帆船の模型に操縦桿など、店内はどこまでも船にこだわっている。

「お金をもらっているんだからこだわって店をつくるのは当たり前のことよ。こだわりながらちょっとずつ時代に合わせるのが難しいですね」

時代の風を受けてキャビンは進む。

日本一長い天神橋筋商店街を歩くと喫茶店の多さに驚く。右に喫茶店、左にも喫茶店。「商店街の喫茶店は、昔の方が少なかったですよ」と教えてくれたのはビクターのマスター・平川健児さん。江戸時代から続く天神橋筋商店街だが、街の姿は少しずつ変わってきているという。

「関西テレビが近くに移転してきて、街はまた活き活きしてきました」

ビクターは昭和四十二年、健児さんの母親が始めた。二階席と半地下がある吹き抜けは壮観だ。入口正面の巨大なステンドグラスが、お客さんを出迎える。

「サンプルより豪華だといわれます」というフルーツパフェや名物のホットドッグを楽しみに足を運ぶ人も多い。少しずつ変わる天神橋の街。迷ったらビクターへ。

71 純喫茶 ビクター

〚大阪府・天神橋　1967年開業〛

●じゅんきっさ ビクター

大阪府大阪市北区天神橋4-8-29
TELなし
9:00〜23:00
月曜休（祝日の場合は営業）
地下鉄・扇町駅、JR・天満駅から
徒歩1分

MENU（税込）

珈琲　450円
オムカレーセット
900円（単品800円）
フルーツパフェ　850円

72

喫茶 エデン

〖兵庫県・新開地　1948年開業〗

歩くたびにぎいぎい鳴る床は、お寺の「うぐいす張り」の廊下のようであり、波に揺られる帆船のようでもある。

店の内装を手がけたのは「船舶装備」という正真正銘の船の内装業者だ。船舶装備がその依頼を引き受ける代わりに出した条件は、「向こう一年間のコーヒーの出前」だった。

まさに職人の粋。それは同時に、エデンのコーヒーがなかなか口にすることができない貴重なものだったという証でもある。

エデンの創業者は堺井林《しげる》さん。旧陸軍第十一師団に所属していた林さんは、戦地から帰還後にエデンを始めた。コーヒー一杯五十円の時代に、林さんはあえて百円という値段をつけた。「やっと訪れた平和な時代の中で、庶民の贅沢を提供する店にしたかったからです」と語るのは息子の太郎さん。

一足先に大海原の向こうの楽園へ旅立った林さんの想いを継ぎ、太郎さんは今日も店に立つ。創業当初から変わらぬコーヒーはネルドリップ。保温のためのコーヒーアーンという道具も、店舗と共に激動の時代を潜り抜けてきた歴戦の勇士だ。

「太郎さんご馳走様」「太郎ちゃんまた来るね」――訪れる客が太郎さんに声をかける。そして気さくな太郎さんは、「おう！またな」と手を上げる。店内には、これまでに太郎さんが撮ったお客さん達の顔写真がたくさん貼られている。どの顔も笑顔なのは、撮影者の人柄に誘われたから。長い時間をかけて日本が取り戻したこの笑顔が、二度と失われないことを願うばかりだ。

●きっさ エデン

兵庫県神戸市兵庫区湊町4-2-13
078-575-2951
8:00〜18:00
12月31日、1月1日休
阪神電鉄・新開地駅から徒歩1分

MENU(税込)

ミックスサンド　550円(ハーフ300円)
ホットコーヒー　350円
アイスコーヒー　400円
ホットオーレ　400円

エデン

EDEN

73

階上喫茶
タカタ

〚兵庫県・姫路　1960年開業〛

2016年頃　閉店

タカタには姫路の商店街を見下ろす特等席がある。その席からは、戦時中の大空襲による戦災から復興した美しい街並みを一望できる。

店主の高田重さんのご主人の家族は、戦前からこの土地で商売をしていた。そして、戦後に始めた果物屋の二階にできたのがタカタだ。今は高田さんとお手伝いの藤元清子さんが店を守っている。

昔の趣きをそのまま残すタカタの店内を懐かしんで来る人は多い。「今年の三ツ山の祭の時には我々くらいの年齢の人が来て、『前回の三ツ山ぶりやわ』といっていた」という話を嬉しそうに語る藤元さん。近くの神社で行われる三ツ山大祭は二十年に一度しか催されないお祭だ。次の三ツ山大祭までに、またタカタの階段を昇りたい。

神戸の元町は賑やかな商店街だ。行き交う雑踏の中で、もし迷った時はマルオーのドアを開けよう。「来てくれる方にはお帰りなさいという気持ちでいます。自分もお客さんとして行きたいと思う店にしようと思っています」と語るのは王豊子《おうとよこ》さん。東京育ちの彼女が神戸の地に来て、四十年以上が過ぎた。

最初は、アイスコーヒーをレーコー、ミルクコーヒーをミーコーという文化の違いに戸惑ったが、すぐに慣れたという。実家が商売をしていた下地もあるが、豊子さんの優しく親しみやすい人柄が周りの人達を引き寄せたのだろう。

マルオーが誇るもう一つの人気者は、ウィリアムというリンゴをまるごと使ったパイ。豊子さんが運ぶウィリアムは、優しいハート型だ。

71

喫茶
マルオー

〖兵庫県・神戸　1948年開業〗

●きっさ マルオー

兵庫県神戸市中央区
元町通3-9-22
078-331-0575
8:00〜17:00(喫茶タイム)／木曜休
17:00〜23:00(ビストロタイム)／日曜休
JR、阪神電鉄・元町駅から徒歩30秒

MENU(税込)

サイフォンコーヒー　460円
ウィリアム
(丸ごとリンゴパイ)　700円
ミックスサンドイッチ　700円
アップルパイ　400円

比べてみました 純喫茶ランキング

各テーマで三本の指に入る純喫茶をセレクトしてみました。
取材でわかった各店にまつわるエピソードの共通項も。

開業年が古い純喫茶

1. ツタヤ（富山・1923）
2. 静香（京都・1937）
3. シューカドー（愛知・1939）

どの店も創業者に会うことはできませんが、店に行けば彼らが遺した想いを感じ取ることができます。

開業年が新しい純喫茶

1. マドラグ（京都・2011）
2. 皇帝（香川・1983）
詩季（宮崎・1983）

21世紀の純喫茶が2位を大きく引き離しました。どこも創業者から代替わりし、元気に続いています。

お店を開いた理由

1. コーヒーに魅せられて
2. 交流の場所をつくりたくて
3. なりゆきで

取材中「コーヒーがこんなに奥が深いとは思わなかった」という言葉を何度聞いたか分かりません。

お店の閉店理由

1. 街の再開発のため
2. 後継者がいないため
3. 採算が合わないため

純喫茶には街の歴史を知る人が多く集います。富山のツタヤのような、再開発との共存は嬉しい限り。

是非注文したい面白メニュー

1. 熟成樽仕込み氷温コーヒー26年物　11万円（ミュンヒ　P130）／スプーン一杯の試飲可（1500円）。
2. ベネディクティンコーヒー（荻窪邪宗門　P63）／マスターと奥様の和枝さんがとある式典の際、船上で行き会った外国人から教わった。
3. コロナの玉子サンドイッチ（マドラグ　P124）／木屋町にあった伝説の洋食店「コロナ」のサンドイッチ。コロナのマスターがマドラグへ降臨して直々に伝授した。

第5章

中国・四国
地方の純喫茶

CLASSIC ROOM

演奏中
2F
音楽とコーヒーの

75

東京

〚岡山県・岡山　1958年開業〛

まだ日本の交通が今のように発達していなかった時代、東京は地方に暮らす人々にとって憧れの街だった。遥か遠くの都は芸術と文化の中心とされ、夢に向かってひた走る若者達が集まった。

創業者の山根義知さんは、多くの人が憧れる街と同じ名を持つ喫茶店に、何か特徴を持たせたいと考えていた。

そんな時、オーケストラに所属していた岡山大学の学生が、ドヴォルザークの「新世界」をかけてほしいとレコードを持ち込んできた。その旋律に感動した山根さんは、この店を音楽がメインの喫茶店にすることを決意したという。

店内に足を踏み入れるとまず、巨大なシャンデリアに目を奪われる。一階の客席では、ゆっくりとコーヒーを味わう人や会話を楽しむ人などが、それぞれの時間を過ごしている。二階では、皆が一方向を向いて流れる音楽の中に身を委ねている。

現在、店の経営指揮を執っているのは藤井工さん。サラリーマンを勤め上げ、ひょんなことからここの経営を任されることになった。「昔からあるものを磨いて、この店の良さを残して新しいスタートを切りました」と語る藤井さん。これまでの特徴である音楽に加え、歌声喫茶や絵画展などの強みを加えた。

「この店を通して語り尽くせない感動を伝えたいんです」

女性客や若者が増えて、店はより賑わってきている。しかし藤井さんは「満足をしたらいけん」と自ら手綱を締める。「東京」は、文化と芸術の中心。この店自体が一つの街になりつつあるのだ。

2015年4月30日　閉店

76

Cafe Kurumi

〖岡山県・岡山　1964年開業〗

人生の名場面を絵画にするとしたら、我々は一体何枚の名画を遺すことができるだろうか。くる実の店内に飾られた大小様々な絵画を見て、ふと思った。

今は亡きマスターの海野強さんは、コーヒー会社に勤めた後、独立してくる実を立ち上げた。県の喫茶組合の理事を務め、県知事や厚生労働大臣賞の受賞歴もあるほどの人物だった。「主人は絵も好きでね、自分でも描いたし画家の方とも交流があったの」と話してくれたのは、現在店を守っている奥様の郁子さん。

「ほら、そこにあるのが主人の絵。こっちは有名な先生の絵。家でぽかんとしているよりはお店をやっていた方がいいのよ」

かつて岡山は、人口一人あたりの喫茶店数において中国地方第一の街だった。それから長い年月が経ち、喫茶店は減っていく一方だが、くる実に足を運ぶ人は後を絶たない。郁子さんとのお喋りを楽しみにくる人、黙って絵を眺めに来る人など様々だ。

「店の名前?店に来て絵を見る。〝来る見る〟でくる実。あとはお客様の人生が実りあるものになるようにってことね」

くる実では常連のお客さん達の活気あふれる会話が飛び交う。

「そろそろ帰るわ。ママいくら?」

「いくらって分かっとることじゃあ。毎日同じ値段じゃ」と、返す郁子さん。こういった何気ないやり取りが、お客さんの日常に彩りを与えている。

「この店でコーヒーを飲むことが唯一の楽しみ。あの世はいつでも行けるんよ」

常連のお客さんがぽつりともらした一言が強く胸に残っている。

●かふぇ くるみ

岡山県岡山市北区奉還町2-15-7
086-252-8426
9:00〜17:00／不定休
JR・岡山駅から徒歩10分

MENU(税込)

ノーブルコーヒー　380円
アイスコーヒー　430円

画廊喫茶 くる
ICE COFFEE

2F アトリエ

77 丸福珈琲店 鳥取店

〚鳥取県・鳥取　1953年開業〛

丸福珈琲店は大阪の千日前を中心に多くの支店を持ち、今では東京にも支店を出すほどの人気店。その数ある支店の中でも、鳥取店は特別な存在だ。鳥取店の開業から約四十年間、店に携わっている三代目店長の草刈幸男さんが語る。

「うちの創業者は苦労人でした。レストランのシェフでしたが、銀座のカフェで飲んだコーヒーに衝撃を受け、身一つで丸福を始めたんです」

創業者の伊吹貞雄さんの故郷である鳥取に、丸福珈琲店ができてから六十年が過ぎた。現存する丸福珈琲店の店舗の中では最も古い。

メニューもここにしかないものがたくさんある。それは日頃から、スタッフが知恵を出し合い、新メニューについて試行錯誤しているから。その中で生まれたコーヒーぜんざい

2014年10月　閉店

は、今では店の人気メニューだ。草刈さんが「そんなもん売れるわけない」と思っていたのは秘密の話。

　長年使っている備品も多いが、磨いてはニスを塗り直すなど、古くても綺麗な状態が保たれている。椅子は次に壊れたら最後。この椅子を修理できる職人がもういないのだ。「椅子と俺と、どっちが先に壊れるかな」と笑う常連のお客さん。他にも開業当初からのお客さんは十人や二十人ではない。店を開けるのが遅れると通用口から入ってくる人もいる。

「ここでは砂糖入りをブラック、何も入っていないのをノーブラックというんです」と教えてくれた草刈さん。常連のお客さんの飲み方、大中小三つの砂糖の好みまで把握している。半世紀の経験は伊達じゃない。

78 CAFÉ DE チャップリン

〚鳥取県・鳥取　1978年開業〛

鳥取駅前の商店街に、少女達の楽しそうな声が聞こえる。

「うちは親御さんからも信頼されています。娘さんが家に帰って『今日チャップリンに行って来たよ』とお母さんに報告するんです。そうすると『あそこなら安心だわ』って。なぜなら、この辺に住むお母さんはたいてい、学生の頃うちに来ていたからです」

そう語るのはマスターの仲間隆弘さん。喫茶店というと年配のお客さんが多い印象があるが、チャップリンには若者も集まって来るのだ。この日も校章入りのジャージを着た高校生が、美味しそうにパフェを食べていた。長らく値段を変えていないチョコパフェや、火がついた花火つきのチャップリンパフェなどは、母娘で楽しむお客さんも多い。

奥様のひとみさんは「そういうメニューが多いせいか、昭和の時代は女の人ばかりの店だったんですよ」と笑う。また、ネルドリップで淹れるコーヒーは、隆弘さんが「二杯飲んでも自然に体へ入ってくる味」を求め、試行錯誤してきた逸品だ。ほどよい苦味が甘い物にもよく合う。「この店はお客さん達に育ててもらいました。それを自分たちが守らせてもらっているんです」と二人は語る。そんなチャップリンには開業時から続く落書きノートがある。

ある時、「平成十三年頃のノートはないか」と、大阪から訊ねてきた人がいた。今度結婚する友人夫婦が、初めて旅行をした時に訪れたのがチャップリンで、結婚式で是非そのノートを使いたいということだった。三人がかりで店をひっくり返し、ようやく見つけたノート。それは、チャップリンを訪れた人たちの、大切な思い出が詰まった世界でたった一つのノートなのだ。

●カフェ ド チャップリン
鳥取県鳥取市栄町719
0857-23-5756
7:00〜19:00
木曜休（学生の春・夏・冬休み中は無休）
JR・鳥取駅から徒歩2分

MENU（税込）
オリジナルブレンド　380円
アイスコーヒー　400円
チョコレートパフェ　500円
フルーツパフェ　580円
チャップリンパフェ（花火付）　600円

79

日東紅茶 ティーパーラー

〖島根県・浜田　1967年開業〗

旅の途中に何気なく訪れた街で、偶然にも素晴らしい喫茶店に巡り会うことがある。既存の情報を追いかけているだけでは得ることができない、発見の喜びがそこにはある。日東紅茶ティーパーラーは、そうして出会った喫茶店の一つだ。

浜田で生まれ育った伊津和夫さんは、コーヒーやフルーツに興味を持つようになり、自分の店を持つために大阪の梅田にあった喫茶店で修行を積んだ。

「始めの五年間は外から階段を直結して二階だけでやっておりました。一階は土産物屋でした。コーヒーを持って二階に上がるのが大変だったので、その後一階も改装して喫茶店にしてしまいました」

現在、二階は団体客の会合や隔月で行われる歌声喫茶で使われることが多いという。もちろん一人で二階に上がりたがるお客さんもいる。「二階は誰にも見られんので根強いファンがおります」と語る伊津さん。

浜田は特急電車の停車駅であり、広島方面へのバスも出ている。出発までの時間調整に店へやって来るお客さんも多い。「こないだ観光で来たお客さんもいうとったが、うちみたいな店があると喜んでくれるんですよね」と伊津さんは嬉しそうに語る。他にも歴史のある喫茶店ならではの出来事がある。

「四十歳くらいの方が来て、『子どもの頃おじいちゃんと来た』といわれました。うちは昔から何も変えてないですから、懐かしいんでしょうね」

たった一軒の喫茶店に行くための旅もいいかも知れない。浜田駅前、道に迷うことはない。

●にっとうこうちゃ ティーパーラー

島根県浜田市浅井町1565
0855-22-0613
8:00〜17:00
不定休
JR・浜田駅から徒歩1分

MENU(税込)

ブレンドコーヒー　430円
紅茶　420円
サンドイッチ　580円
フルーツパフェ　680円
ミートスパゲッティ(小サラダ付)　700円

80 喫茶 MG

〚島根県・松江　1969年開業〛

美味しいもの食べている時や楽しい時間を過ごしている時、人は誰もが子どものような表情になる。ここは誰もが純真な心を取り戻せる場所。

松江の商店街にあるMGは、自転車屋だった浅野淳子さんの実家が始めた喫茶店だ。店名は、自動車好きな淳子さんの兄がつけた。

淳子さんは「あっちゃん」の名で親しまれる店の顔。お客さんはみんな「あっちゃんご馳走様」とか「あっちゃんまた来るね」と声をかけていく。これも歴史と彼女の人徳のなせる業である。それに対して「〇〇さんまた来てね！」と名前をつけて返事をする淳子さん。街に根付く喫茶店の温かい光景だ。俳優の佐野史郎さんやギタリストの山本恭司さんが、学生の頃によく自転車をこいでやって来たというのもうなずける

●きっさ エムジー

島根県松江市西茶町46
0852-24-2099
10:00〜21:00（10:00〜11:30、15:00〜17:00はドリンクのみ）／土曜休
JR・松江駅から徒歩15分

MENU（税込）

ホットコーヒー　350円
日替わり定食　700円
カボチャのカツ　700円
コロッケ　700円

（ちなみにお二人が通っていた松江南高は決して近所ではない）。

厨房を守るのは弟の多久和克行さんだ。淳子さんが店の前輪だとすると、克行さんは後輪。二人揃ってのMGなのだ。

ランチタイムが終わると、食事は午後五時まで休憩。取材中、運悪くランチタイムを逃した男性が入ってきて「ランチ終わっちゃった？」「ごめんねー、終了なの」と、しょんぼりして帰る場面があった。丸まった大きな背中を見送る。会社や家では大人の彼らも、淳子さんの前では子どもに戻ったかのようだ。

「昔は若い人達のたまり場やったねえ。今は年齢層が幅広くなって、お店ができてから生まれたお客さんが八割。嬉しいことよね。長く続けているといいことあるのねえ」

月の光には、見たものの心を奪い、虜にしてしまう魔力があるという。そして福山には地上に月がある。そう、ルナのことだ。

ルナが福山にできたのは昭和三十一年のこと。当時はまだ福山に喫茶店がなく「人口から計算して福山に喫茶店がないのはおかしい」と考えた村上春美さんが、青果店をやっていた土地で始めた。村上さんは今も毎日店に顔を出して、閉店まで店にいるという。

二つの道が一つに交わる角にあるため、店は特徴的な形をしている。急勾配の切妻屋根はチューダー様式と呼ばれるもので、有名なコヴァ建築デザイン事務所とゴトウ工房によってつくられた。二階から三階へ昇る階段の横にある、幻想的に輝くシャンデリアも見ごたえがある。

81

純喫茶

ルナ

〚広島県・福山　1956年開業〛

店長の坂本さんもルナに魅せられたうちの一人だ。ルナで働いていた友人の紹介で働き始め、気付けば二十年が経ち、店長になっていた。料理が好きな坂本さんは、ルナの陰の実力者だ。

「客層は時間によって全く変わります。午前中やお昼はサラリーマン、夕方は学生さんが増えますね。土日は皆さん家族で来て下さいます」

じっくり丁寧につくられている料理やデザートは、年齢を問わず多くの人をルナの虜にしているようだ。中でも開業時から続く人気メニューの「プリントップ」は、シャンデリアと並ぶルナの顔。懐かしい甘さが、口の中に広がっていく。

このまま甘い夢の中にいられるなら、心を奪われたままでも構わない。待ち合わせは今夜八時、月の下で。

●じゅんきっさ ルナ

広島県福山市元町12-8
084-923-1758
7:00〜21:00
水曜休(祝日の場合は翌日休)
JR・福山駅から徒歩5分

MENU(税込)

ルナブレンドコーヒー　450円
イタリアンスパゲティ(サラダ付)　800円
ルナセット(ミニグラタン・ホットドック・サラダ・ミニソフトクリーム)　1180円
プリントップ　680円

82

ムシカ

〚広島県・三原　1973年開業〛

2017年11月19日　閉店

ムシカのステンドグラスに陽光が射し込む。サイホンの湯が、ぐつぐつと音を立てている。

ムシカは、金山冨美枝さんと奈保子さんの母娘が営む。店の始まりは、冨美枝さんのご主人・行雄さんの一言「お前、喫茶店せい」だった。建築会社の経理だった当の本人は、カウンターの横で写真に収まっている。

店内は、ステンドグラスや青いフランス瓦やシャンデリア、指物大工の手仕事による装飾が美しい。その中で、食器棚をくりぬいてはめ込んだスピーカーに目が行った。

「左の大きいのがクラシック、右はジャズ用ね。うちはこのあたりのサイホンコーヒーの店の走りでね、順番待ちの列ができたりもしたんよ」

気が付けば店内には、コーヒーの幸せな香りが満ちていた。

83

ツバイ G線

〚広島県・紙屋町西　1972年開業〛

広島の紙屋町は多くの人が行き交う繁華街。そんな土地柄からか、ツバイG線には老若男女が訪れる。その背景にある想いを探る。

ツバイG線の創業者は、広島市内にいくつかの店舗をつくった。「ツバイ」はドイツ語で「二」という意味だから、この店は二軒目のG線というわけだ。

ツバイG線のマネージャーは福谷隆さん。学生時代はオーケストラに所属し、卒業後は音楽業界で働いた。店の雰囲気をつくるBGMはこの経験を活かしたもの。朝はイージーリスニング、昼からは日替わりでクラシック、歌謡曲、ポップス。誰もが楽しめる音楽が流れる。

「一見さんでも常連さんでも同じように大切にする。これがG線のスタイルです」

●ツバイ ジーせん

広島県広島市中区大手町1-4-30
082-247-3410
7:00〜23:00(22:30LO)、
日曜・祝日は〜22:00(21:30LO)
無休
広島電鉄・紙屋町西駅から徒歩1分

MENU(税込)

G線ブレンド　420円
お好み焼き風スパゲティ
(G線オリジナル)　880円
カルネ(焼肉ランチ)　980円

84

純喫茶

エトワル

〚山口県・防府　1949年開業〛

「なんかかんかかと細々とやりよるうちにここまで来ましたわ」と笑うマスターの夏井宏さん。防府から都会に行った人が、定年で防府へ帰って来ると「まだエトワルがある！」と喜ぶ。エトワルは昔から防府にある名店なのだ。

夏井さんの姉夫婦が始めたエトワル。先代である夏井さんの義兄は、開店から二年後にはコーヒー豆の自家焙煎を始めていた。うまく豆を焙煎できた時に「うむ、よかろう！」というのが口癖だったという。エトワルはたちまち人気の店となり、地元の新聞記者、警官、病院関係者の交流の場となった。

「コーヒーの配合は義兄の頃から変わっていません。地面をボウリングで掘ったら二十八日目に岩盤を突き抜けていい水が出てきた。保健所の

●じゅんきっさ エトワル
山口県防府市天神1-3-6
0835-23-7107
10:00〜22:00(金・土曜は〜23:00)
月曜休(祝日の場合は翌日休)
JR・防府駅から徒歩5分

MENU(税込)
コーヒー　450円
コンチネンタルココア　650円
エトワル自家製ケーキ　400〜450円
マンゴーパフェ(国産)　1200円
ストロベリーパフェ　850円

人も認めた、いい水を使っています。ちょっと会おうや、という時はみんなうちに来ていました」

　コーヒーと相性抜群のデザートもエトワルの人気の秘訣だ。広島のホテルから手に入れたレシピをもとに、独自の配合を試行錯誤した末に完成したケーキ。乳脂肪度が高く、濃厚な味のアイスクリーム。これを材料にしたパフェ。エトワルならではの微笑ましい光景があるという。

「近くに基地がある自衛隊の男子たちもよう食べに来ます。先輩が後輩にうちのパフェをおごるのが伝統になっているんです」

　これは自衛隊特有の「対番返し」という文化。入隊して一ヶ月経った後輩に先輩がおごるのだ。その時は卵形の可愛らしい椅子が行儀よく並ぶ二階席がいっぱいになるという。

![85] 喫茶

こいぬ

〘山口県・下関　1951年開業〙

レースのカーテン越しに、やわらかい光がこいぬの店内に降りそそぐ。店内の奥にある大きなスピーカーは、この店の長い歴史を物語っているよう。

開業は昭和二十六年。下関でこいぬを知らない人はいない。その穏やかな雰囲気を求めて、これまでも多くの人が訪れてきた。

「初めて訪れた人から素敵な店ですね、といわれると嬉しい。でも、こうなるまでには色々あったんです」

店を切り盛りするのは石迫勝さん、フサ子さん夫妻。「大きなスピーカーでレコードをかけていました。シューベルトを聴ける店として有名でした」と、フサ子さんは父親である永井健二さんが店を始めた頃のことを思い出す。その頃勝さんは北九州でサラリーマンをしていた。

二人が店を引き継いだのは平成十四年のことだった。勝さんが当時のことを振り返る。

「僕たちの代になってみたら店が荒れていてびっくりしました。僕は学生時代に小倉の喫茶店でアルバイトをしていて、その頃の印象で喫茶店は儲かると思っていた。そうしたら全然そんなことはない。これではいかんと思って気合を入れました」

店の汚れを拭い、傷んでいた箇所を直した。メーカーとの交渉では勝さんの営業経験が役に立った。

「本人達がやる気になると、店も輝いてくる。久しぶりにうちに来た人は『うわ、店が生きてる！』と驚いていました。代替わりしてもスパゲティはやめないでという意見を活かして、メニューに残しました。このあたりのお客さんの好みに合わせて、食べ物はこってりした味、コーヒーは薄味にしています。長い歴史を持つこいぬの看板を守りながら頑張ります」

2019年3月頃　閉店

86

コーヒーサロン

皇帝

〚香川県・高松　1983年開業〛

うまいコーヒーに贅沢な内装、流れる名曲の数々。その空間にいるだけで、王様になった気になれる。

皇帝は「現代観光」という企業が始めた喫茶店で、かつては四国各県に店を構えていた。後に高松の皇帝は独立し、今日に至る。

「俺は店長なんてしないしないいうて粘ったんや」

そんなことを口にしながら、皇帝の店長を務めるのは林口政行さん。林口さんの人生は波乱万丈だ。佐賀県で生まれ飲食店やスナックなどを「作っては潰し、作っては潰しや」しながら大阪や神戸、今治などを流れた。そんな林口さんが皇帝に流れ着いたのは、二十五年前。当時、皇帝はクラシックを大音量で流す店として有名な存在になっていた。

「始めは四月から八月の約束やった

●コーヒーサロン こうてい

香川県高松市兵庫町11-5 中島ビル2F
087-822-1071
8:00～20:30／無休(年末年始等を除く)
JR・高松駅から徒歩10分

MENU(税込)

ブレンドコーヒー　430円
アイスコーヒー　430円
ナポリタンスパゲティ　890円
からあげ弁当　890円

が、店長が急におらんくなって、俺にお鉢が回って来たんや」と、つい最近のことのように話してくれた。

変わらない魅力を放つ店内を「変えようがないんや」と笑う林口さん。高校生の頃から通っているという中年のサラリーマンには「店長まだおるん？」といわれるという。

「そんな時は君も元気で頑張ってなーというんや。いうしかないやろ」

豪放磊落《ごうほうらいらく》。林口さんと話しているとそんな言葉が思い浮かんだ。そして、皇帝という名の店には林口さんのような人柄がぴったりと合う。

「うちはタバコ吸えるから客が来るんやろな。この前会議で『いっそ全席喫煙の張り紙したらどうでしょうか』いうたらオーナーに『うーんそれは世の中に反するなあ』ていわれたわ。あっはっは」

87

城の眼

〖香川県・高松　1962年開業〗

城の眼は芸術作品がそのまま喫茶店になったような場所だ。

石づくりのモダンな外観はこの世に二つとなく、街行く人の目をくぎ付けにする。希少なデザインなのもそのはず、ここは建築家、彫刻家、詩人など各分野の有名なクリエイターが出会ったことで生まれた店なのだ。仲介をしたのは「石のことで右に出るものはない」と言われた日本屈指の石材研究所だ。

初めは彼らの打ち合わせ場所としてつくられたが、後に喫茶店として開店。盛況のあまり行列ができる日が何年も続いた。当時の県知事も熱心なサポーターだったということからも、その人気のほどがうかがえる。

店内奥の壁は、昭和三十九年のニューヨーク万博における、日本館の外壁に使う試作品としてつくられたもの。日本ならではの玄武岩が使われていて、これから世界と対峙していこうというクリエイターたちの気概が時間を超えて感じられる。城の眼は、それだけの才能が集まってできた空間でありながら、非日常の美術品になることなく、あくまで日常的な喫茶店として地元の人の暮らしに根付いている。

世界初の石でできたスピーカーボックスや重厚な石壁に目を奪われていると、温かみのある木製のテーブルにコーヒーが運ばれてくる。天窓からはやわらかな光が射し込み、店内をほんのり照らす。

これまでこの店に関わってきた人達の温かく、優しい人柄。店を守ってきた強く厳しい石壁。それらが、ちょうどいいバランスを保って城の眼は成り立っているのだ。

●しろのめ
香川県高松市紺屋町2-4
087-851-8447
8:00〜18:00
日曜・祝日休（祝日は不定休）
JR・高松駅から徒歩10分

MENU（税込）
ホットコーヒー　400円
カフェオーレ　500円
ココア　550円
紅茶　400円

コーヒーを楽しみに来る人、デザートを食べに来る人、あるいはコーヒーの淹れ方を相談しに来る人。喫茶店に来る人の楽しみ方は無数にある。そうした様々な要望に応えるのはマスターの馬場淳さんだ。

「コーヒーを美味しいといってもらったり、懐かしいお客さまと再会して想い出話をしたり。こんなに楽しくて出会いのある商売は、他にはありません」

店名には船が錨《いかり》を下ろすように、腰を据えてこの場所で商売ができるようにという願いが込められている。

創業者は淳さんの祖母である馬場芳子さん。戦争でご主人を亡くした芳子さんが女手一つで始めた店だ。その後、芳子さんから店を継いだのは娘の智恵子さんで、その跡を継いだのが淳さんだが、学校を卒業して

88

自家焙煎

いかりや珈琲店

〖徳島県・徳島　1955年開業〗

すぐに店を継いだわけではなかった。

　淳さんはコーヒー卸の会社と服飾関係の仕事を経て、店に戻った。「自分の世界を広げるため、外からの目線を得るために外の世界に出たんです」という。家族経営の温かみは守りつつ、よりムラのない仕事を目指して追求する厳しい目線も併せ持つ。

　コーヒーはこれまでずっとネルドリップにこだわっている。ケーキもすべて手づくりだ。開業当時の豆の配合を復活させ、創業者の名前と「阿波よしこの」という阿波踊りの楽曲が掛け言葉になっている「よしこのブレンド」も、淳さんのアイディアがつまった人気メニューだ。

　いかりや珈琲店は、家族という内なる世界と、世間という外の世界との調和をうまく取りながら、三代に渡って受け継がれてきたのだ。

● じかばいせん いかりやこーひーてん

徳島県徳島市通町1-12
088-623-0808
8:00〜18:30、土曜9:00〜17:00
日曜・祝日休
JR・徳島駅から徒歩8分

MENU（税別）

オリジナルブレンド　480円
よしこのブレンド　550円
シフォンケーキセット　800円
コーヒーゼリー　600円
フレンチトースト　550円

89

純喫茶
ブラジリア

〚徳島県・徳島　1971年開業〛

徳島を東西に流れる吉野川が生んだ阿波の藍染め。JAPAN BLUEとして世界に知られる日本の藍の中でも、阿波藍は別格だ。この阿波藍を連想させるブラジリアの青い床は、歴史と共に深みを増していくようだ。

吉岡敏子さんがブラジリアに立ち続けて四十年が過ぎた。県西で生まれ育った吉岡さんは、結婚を機に市内に来た。

「昔の結婚はみなに勧められるままというのが多かったんよね。その頃は街にもたくさん人がおって、うちにもようけ人が入った」

昔は店舗を人に貸していたが、やがて自らブラジリアを始めた。

平日は大半が常連のお客さん。みんな入って来る時に「おはようさん」と声をかける。水とおしぼりを運んできた吉岡さんと雑談してから

●じゅんきっさ ブラジリア

徳島県徳島市寺島本町西2-31
088-653-1847
8:00〜18:00
土曜・日曜・祝日休
JR・徳島駅から徒歩5分

MENU(税込)

ホットコーヒー　400円
アイスコーヒー(夏季のみ)　400円
ミルクコーヒー　350円
トースト　200円
カレーライス(サラダ付)　550円

注文をするのが日常だ。

店内には、吉岡さんとの会話を楽しむ人もいれば、一人でコーヒーを飲んだり、新聞を読んでいる人もいる。どちらのお客さんも無理なく共存できるのは、広いスペースを持つブラジリアならでは。

ブーメランのように、緩やかに湾曲したカウンターでコーヒーを淹れる吉岡さん。

「徳島の街も人の流れが変わった。儲かれへんね。値上げしたとしてもあかん。ほなからね、私は自分が生きとる間に健康のためにやっとるんや」

レースのカーテン越しに優しい陽射しが店内を照らす。藍染めは年月を経た分だけ色が褪せにくくなるという。ブラジリアの青もまた、重ねた日々の分だけ、魅力を増していく。

ジャスト
喫茶
ジャスト
カキ三《ワン》のコーヒー

90

喫茶 ジャスト

〚高知県・高知　1981年開業〛

路面電車は電車よりも軌道の敷設が簡単であるという利点を持ち、未舗装の道路が多い時代に、安定した運行を可能にしていた。日本中で減りつつある路面電車だが、高知は今もなお、路面電車が市民の交通手段になっている街だ。

　路面電車は高知駅から真っ直ぐに延びる道を進み、よさこい節で有名なはりまや橋の交差点で、九十度旋回する。高知城を背景に、自動車が信号待ちで連なっている中を路面電車が颯爽し横切るフォトジェニックな風景の先に、ジャストはある。

「前は路面電車が駅まで届いとらんで、JRから降りたらみんなうちの前の道をとことこ歩いてたんや」

　土佐弁より大阪に近い言葉遣いをするマスター。ジャストを開く前は、大阪・ミナミにある食品店の喫茶部で働いていたという。

　マスターの父親の知り合いがビルを建てた所から、ジャストの歴史は幕を開ける。店内には幾何学的なデザインの椅子やカウンターがある。これはビルのオーナーの知り合いだった東京の有名デザイナーの手によるものだという。内装は創業時から変わらないままだ。

　当時、店がある高知駅前のあたりは、様々な企業や電車関係の仕事に従事する人が多く、ジャストの客筋も自然とそうした人々が多かった。

「この辺は飲食店が多いやろ。今と違おて昔の居酒屋は夜にならないと店が開かんから、仕事が終わったらいっぺんジャストに集合して、ここで時間を潰して居酒屋に行くという客が大勢おった」

　ジャストの窓際の席で、コーヒーを片手に通り過ぎる路面電車をぼんやりと眺める。約三十年。ジャストが見続けてきたこの美しい街の風景が、これから先も続きますように。

閉店
（時期は不明）

91

珈琲店 淳

〖高知県・窪川　1964年開業〗

淳は親がつくり、子が守ってきた喫茶店だ。店を始めたのは先代マスターの川上淳二郎さん。元は資生堂のチェーン店として着物やハンドバッグを扱っていたが、「感性は年齢と共に鈍っていくから、そうした商売は長く出来ない」と判断。歳をとってもできる喫茶店を始めた。淳二郎さんの趣味は旅と写真だったという。店内には山の風景写真や、全国各地の喫茶店のマッチが飾られている。もう会うことはできないが、店にある淳二郎さんの痕跡からは、遺した功績の大きさがよく分かる。

「父はハイカラで多才な人でした。メニュー表や商品紹介のデザインも全て父がつくりました」

そう語るのは淳二郎さんの息子で二代目マスターの章雄さん。東京の大学を出て、教員生活を経て淳を継いだ。東京には残りたかったが、家族会議の席で淳二郎さんから「息子が三人おるのに誰も高知に戻らんと、わしは困る」といわれて帰郷したという。章雄さんは活発な性格だったようで、「高校時代は悪さをして無期停学を食らったりしていた」と笑う。東京へ行ったのも高校の先生が「俺の出身校で鍛えてもらってこい」と、章雄さんの背中を押したから。

店内には馥郁《ふくいく》たる香りが漂っている。「美味しいコーヒーというより、良いコーヒーを」という考えのもと、章雄さんの代から自家焙煎を始めた。

悪い豆をハンドピックで除き、ロースターで焙る技術は独学で修めた。水は清涼な谷水を濾過して使っている。このコーヒーを飲むために、車で何時間もかけて来る人もいる。コーヒー豆の通販もしていて、東京の某企業の重役もファンだという。

●こーひーてん じゅん

高知県高岡郡四万十町茂串町6-4

0880-22-0080

8:00〜19:00／火曜休

JR・窪川駅から徒歩10分

MENU(税込)

ブレンドコーヒー　400円

ウインナーコーヒー　500円

ブルーマウンテンNo.1　1250円

モカ(バニーマタル)　550円

コロンビア　500円

淳
異色茶房 淳

淳
茶房 淳

JAZZ

92

コーヒーステーション
キタ

〘愛媛県・松山　1979年開業〙

キタは二人の女性によって成り立っている喫茶店だ。姉の京子さんと妹の真智子さんがこの店の主。

朝早くに店を開けるのは妹の真智子さん。忙しい朝の時間帯をてきぱきとした動きで乗り切る。その俊敏な動きからも分かるように真智子さんはかなりの行動派。これまでに日本全国を旅してきたという。

対して姉の京子さんはゆったり派。彼女の周りにはやわらかな時間が流れている。

「喫茶店をやってて良かったことですか?色々な人とお話しできることですねぇ」

交代の時間である午後三時が近づくと真智子さんの動きはよりスピードを上げる。店に入ってきた京子さんと目配せで合図。バトンがスムーズに受け渡され、キタの後半戦が始

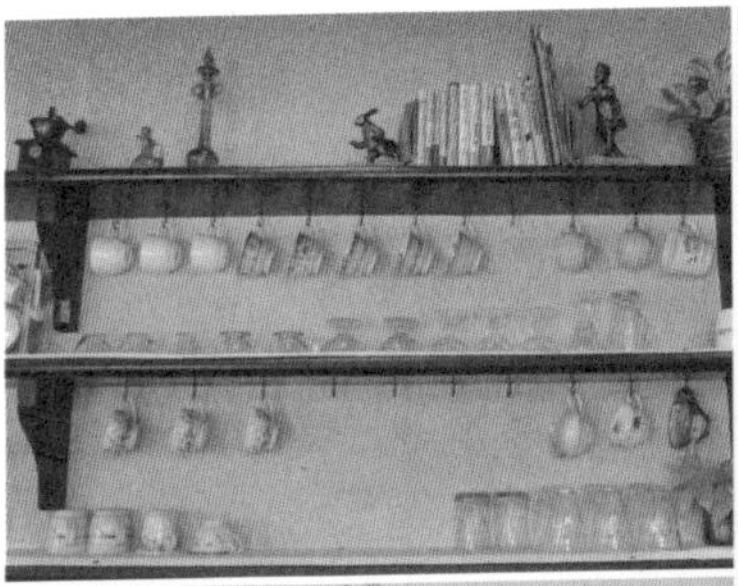

閉店　（時期は不明）

まる。

キタの前身は食堂だ。二人の両親は結婚して戦後すぐ松山へやって来た。屋台の食堂から始まり、二人がまだ幼かった頃に木造三階建てで旅館と食堂を始めた。父親の出身地である愛媛の喜多郡という地名から取って「喜多屋食堂」と名付けた。その後ビルを建て替え、食堂は喫茶店となった。

鉄道が今日ほど普及していなかった時代から、松山港へ入る船の時間に合わせて午前五時に店を開けているが、最近は鉄道の待ち合いをするお客さんが大半だ。朝早くから夜遅くまで店を開けていられるのは、二人の協力があるから。

姉妹は時計の針のように、進む速さは違っても、いつもそばにいてお互いを補い合っている。

誰かが紡いだ夢のかけらは、それを受け取ったものの中にいつまでも残る。不二家の店主・前田隆代さんの父親の話はまさに、夢に生きる男の一代記だった。

隆代さんの父親の勘三郎さんは、今治から近い岩城島の出身。もちろんしまなみ海道もない時代で、交通手段は船だけだった。勘三郎さんは十四歳まで岩城島にいたが、甘いもの好きが高じて、北九州・若松の和菓子屋「藤屋」へ奉公にいった。

藤屋での修行を終えた後、今治に戻り終戦を迎えた。終戦後は寿司屋や食堂を営んでいたというから元来器用な人であったようだ。隆代さんが記憶の中の父の姿を辿る。

「ほんまに何でもできる凄い人。この床も壁も父の手づくりなんです。天井のモルタルは父と私で塗ったの」

93 純喫茶 不二家

〚愛媛県・今治　1963年開業〛

栄養士の免状を取るために、神戸の短大に通っていた隆代さんの卒業が近づいた頃、勘三郎さんは喫茶店を始めようとしていた。

「お洒落な階上喫茶にしてくれるなら私も手伝うていうたの。二階は一階の倍の広さなんだけど、毎日満席で本当に忙しかった。ステレオいうのかな、真空管で組み立てたスピーカーを聴きに来る人も多かったわ」

そんな不二家の名物はホットケーキ。甘いものを求めて島を飛び出した勘三郎さんの集大成だ。

「亡くなる一週間前まで生地をこねてたの。私も常はぼよーっとしとるけど、ホットケーキの注文があると張り切っちゃう」

勘三郎さんの夢のかけらは、店に関わるすべてのものに散りばめられているのだ。

●じゅんきっさ ふじや
愛媛県今治市黄金町1-1-11
0898-31-3848
10:00〜18:00／水曜休
JR・今治駅から徒歩15分

MENU(税込)
コーヒー　450円
カフェ・オ・レ　500円
ホットケーキ　500円
ココア　500円

純喫茶の歴史

純喫茶隆盛の時代から、現在まで。純喫茶はどのような道を辿ってきたのでしょうか。そこから見えてくる愛すべき純喫茶の過去と未来。

戦後の高度成長期を経て、喫茶店ブームといわれた一九七〇年代には、多くの人々が純喫茶に集まりました。缶コーヒーの自動販売機がどこにでもあり、自宅でも手軽に楽しめる現在とは異なり、コーヒーは当時、貴重な飲み物でした。純喫茶は「コーヒーという大人の飲み物を飲める場所」として多くの人に支持されていたのです。

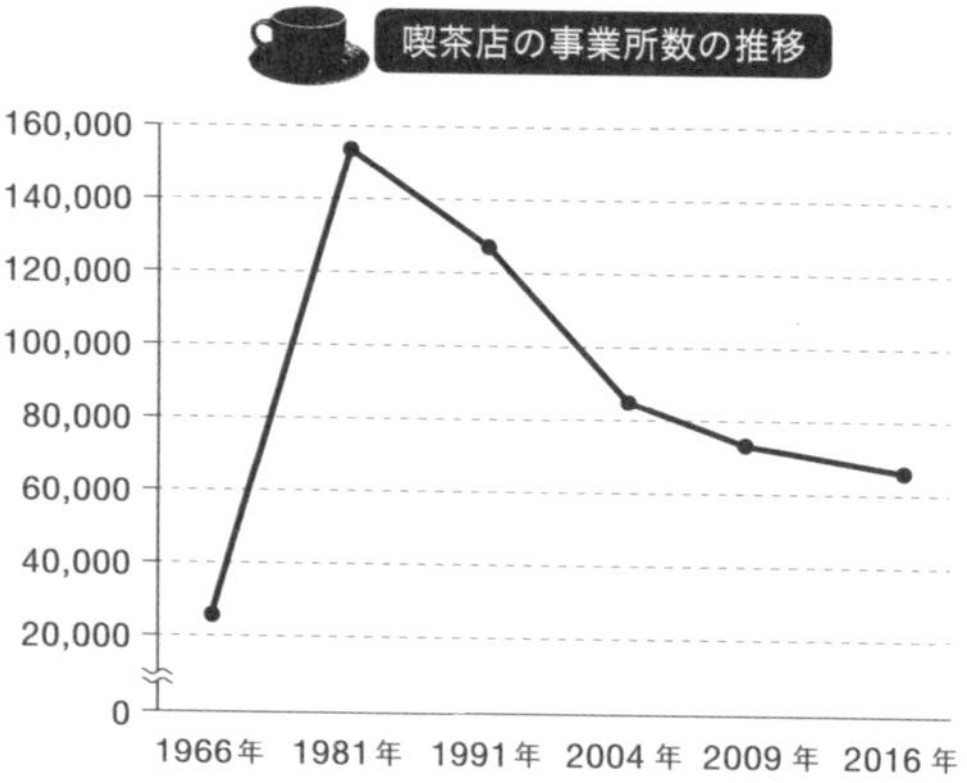

※総務省統計局「事業所統計調査報告書」

また、純喫茶は待ち合わせ場所としても重宝されました。遅れる時は、店のピンク電話にかけて取り次いでもらうのが一般的でした。

喫茶店の数は一九八一年にピークを迎え、減少の一途を辿っています。現在は最盛期の半分以下の軒数になってしまいました。

喫茶店が減少し始めた時期は、一九八〇年に原宿に一号店を出店したドトールを始めとするチェーン店の台頭、そしてポケベルや携帯電話が普及し始めた時期と重なります。

しかしながら、純喫茶には固定客や開店以来ずっと通っているという根強いファンも多くいます。純喫茶の閉店理由の多くは、経営状態よりも後継者問題なのです。リタイアしていく創業者世代から次世代へとうまくバトンを渡すことができれば、純喫茶は人と人との交流の場として、これからも必要とされていくのではないでしょうか。

第6章

九州地方・沖縄の純喫茶

jeanloup sieff exhibition

94

屋根裏獏

〚福岡県・天神　1976年開業〛

ここは獏《ばく》の頭の中。獏とは悪夢を食べるといわれる想像上の動物だ。屋根裏獏はビルの二階にありながら、秘密の地下アジトのような空気が漂う。

マスターの小田満さんは幼少期、コーヒー好きの父親の後についてよく喫茶店に行っていた。学生時代には、授業が終わると毎日のように中洲の喫茶店「エバロン」に駆け込んでいたという。そんな小田さんが勤め人としていくつかの職を経た後、自ら喫茶店を開いたのは自然な流れだったのではないだろうか。

屋根裏獏には喫茶店としての顔とは別に、もう一つの顔がある。小田さんの名刺には屋根裏獏と並んで「アートスペース獏」という文字が刻まれている。獏を語るときに欠かせないのが、このアートスペースの存在だ。

屋根裏獏ができて間もない頃、小田さんは熱い魂を宿した一人の青年と出会った。彼は九州産業大学の芸術学部に赴任してきた教員で、まだ大学院を出たばかりだった。芸術論で意気投合した若い二人は「獏を九州の現代美術の中心にしよう」という誓いを立てた。若手のアーティスト向けに使用料を相場より抑えて画廊を貸したり、芸術関連の催しを開くなどの取り組みを続けてきた。今では「九州で現代美術を志すなら一度は獏を通らねば」といわれるほどになった。

芸術に夢の灯を燃やす若者が絶えず出入りし、互いの芸術論をぶつけ合い、面白いことを企んで声を潜めて話し合う。その光景を優しく見守る小田さんと奥様の律子さん。獏が見る夢は希望であふれているのだ。

●やねうら ばく

福岡県福岡市中央区天神3-4-14 2F
092-781-7597
11:00〜23:00
無休
地下鉄・天神駅から徒歩5分

MENU（税込）

ブレンドコーヒー　450円
ミルクセーキ　520円
屋根裏弁当　700円
ハンバーグカレー　700円
ハンバーグトマトサンド　650円

95 珈琲の那珈乃

〖福岡県・西鉄久留米　1970年開業〗

コーヒーには魔力のようなものが宿っている。那珈乃《なかの》のマスター・中野耕輔さんも、コーヒーの魅力ならぬ魔力に魅せられたうちの一人だ。

実家に下宿していた医学生に連れられて訪れた喫茶店から中野さんとコーヒーの縁は始まる。学校を卒業後、コーヒーとは無縁の職に就いたが、中野さんの頭の片隅にはすでにコーヒーへの想いが棲んでいた。喫茶店開業のために会社を辞めたのは、社会人五年目のことだった。

福岡生まれの中野さんだが、修業を積んだのは佐世保だった。仕事で佐世保に行った友人から「すごい喫茶店がある」と教わり、期待して足を運んだ。その喫茶店「ニューバレー」で、中野さんはいまだかつて見たことのない光景を目にした。壁一面に張られたコーヒーの麻袋、コー

2017年6月20日　閉店

ヒー樽をそのまま転がした椅子、そしてピーナッツの殻を床へ投げ捨てるお客さん。その時の衝撃を「初めて見たもんばかり。えらい格好よかったとよ」と振り返る。すっかり心を奪われた中野さんは、そのまま住み込みで弟子入りをした。

多くの喫茶店が鍋でコーヒーを淹れていた時代に、ニューバレーでは注文を受けてから一杯ずつコーヒーを淹れていた。半年間の皿洗いを経てやっとコーヒーを淹れたが、師匠は一瞥しただけで「あかん」といった。独立には五年の歳月を要した。

だが、修行の日々が中野さんに与えたものはコーヒーの技術だけではなかった。那珈乃オープンの日、中野さんの隣には佐世保で出会った奥様の姿があった。コーヒーの魔力は人と人との縁をも結んでしまうのだ。

大分駅前のセントポルタ中央町商店街の中を歩く。目指すはカフェ・ド・BGM。素敵な店内の様子が脳裏に浮かぶ。少し早足で階段を昇る。「いらっしゃいませ」――そこには、いつも変わらない美しい女主人の笑顔があるのだった。

「一年中ずっとやっているからお客様の期待を裏切ることができないんですよ。そういったこともお店の信用かしら、と思っています」

そういって微笑むのは件の女主人・本多総子さんだ。彼女の言葉通り、カフェ・ド・BGMは朝から夜遅くまで店を開けている。大理石をふんだんに使った壁や間仕切り、燦然と輝くシャンデリア。クラシックな趣きの店内は美しく輝いている。この華やかな内装のファンは多く、遠くから繰り返し店にやって来る人

96 カフェ・ド・BGM

〖大分県・大分　1966年開業〗

も少なくないという。「内装は昔から全然変わっていないのよ。これだけのものはなかなかつくれないと思うんだけど、どうかしら？」と総子さんは胸を張る。確かにその通りである。

カフェ・ド・ＢＧＭは総子さんのご主人の敏達さんが始めた店だ。店名からもわかる通り、敏達さんは学生の頃から音楽に傾倒していた。それを反映するようにこの店は、ジャズを流す喫茶店としてスタートした。

美しい雰囲気の中で嗜む美味しいコーヒーと優しい音楽。店のコンセプトも、唯一無二の内装も敏達さんなしでは有り得なかっただろう。

その敏達さんが亡くなられてから長い時間が過ぎ、店はあと三年で五十周年を迎える。スタッフの方々に支えられて店に立つ総子さん。これからもカフェ・ド・ＢＧＭは多くの人に愛され続けるだろう。作曲者がこの世を去った後も歌い継がれる名曲のように。

●カフェ・ド・ビージーエム

大分県大分市中央町1-1-13 2F
097-536-5980
7:00〜20:00／無休
JR・大分駅から徒歩3分

MENU(税込)

石釜コーヒー　500円
ブレンドコーヒー　450円
アイスコーヒー　500円
カフェ・オレ　700円
フルーツパフェ　800円

しんがいは別府の人々にとって、街の文化や子ども達の環境を守るための基地になっている。

「街にトラブルがあると、やらずにおれんや！という気持ちになるの。いつも地域の人と助け合っている。みんなで一晩中寝ないで店で作戦会議をしたこともあったわ」

この店の店主は、消防団仕込みのファイトを持つ新貝千代子さん。店内には「流川文庫」という、別府の古地図や資料を収めた街の歴史を伝える書庫がある。これもしんがいの大事な役割の一つ。

千代子さんのご主人の博昭さんは大学生の頃の喫茶店のアルバイトを通して、コーヒーや喫茶店が好きになった。その後サラリーマンとして働くが、脱サラしてしんがいを始めた。

取材中も千代子さんはてきぱきと

97

一杯だてコーヒーの店

しんがい

〚大分県・別府　1977年開業〛

動いていたが、開業時のことを聞かれた瞬間だけは手を止めて、「あの頃の喫茶店はどこもつんつんして愛想が良くなかったの。だからね、サービスをしっかりすればきっとうまくいくぞって夫と決めたんよ」と、懐かしそうに目を細めた。二人の夢は、コーヒーはもちろんサラダやドレッシングも自家製のものを提供することだった。

「人のために何かをする時には、その行動に心が伴わんと駄目なんです。長く店をやっていてそれに気付いたんです」

かつて、店の裏手には船着き場があった。今も軒下には流川が流れているが、川は段々と埋め立てられて河口は遠くなる。別府の風景が少しずつ変わっていく中、しんがいの店内には美しい別府が残っているのだ。

2013年5月31日　閉店

98

伊万里 ロジエ

〖佐賀県・伊万里　1963年開業〗

伊万里の街は貨物船の積出港として栄えてきた。見知らぬ土地の文物が出入りする文化の交差点。今ではすっかり焼き物の名産地としても有名になったが、良い焼き物が生まれるには良い土と良い気候、良い職人に加えて、そこに価値を見出して対価を支払う人の存在が不可欠だ。

　そう考えるとロジエには多くのファンがいて、ロジエにかけがえのない価値を感じて足を運んでいるのがわかる。その人気の裏には、マスターの山口義方さんの慎ましやかなおもてなしの心がある。

　現在の地で家具店を営む家に生まれた山口さんがロジエを始めたのは、今から五十年前のことだ。

「ジュークボックスから絶え間なく音楽が流れていて、大勢の若者が喜んで来てくれました。パフェはオープンの頃からあるメニューだから、久しぶりに来てくれたお客さんは懐かしがってくれますね」

　ロジエの人気メニューの一つが伊万里牛100%のハンバーグだ。つなぎを使わず焼き上げたハンバーグに自家製のデミグラスソース。地元産にこだわり、野菜も県内のものを使っている。料理はあらかじめ温められた古伊万里の皿に盛られる。「伊万里の皿は使ってこそ価値がある。使ってあげた方がお皿も喜ぶんです」という山口さん。こんなところにも、おもてなしの心が隠れている。

　店内はいつもグループ客や家族連れで賑わっている。ジュークボックスから流れる音楽は、食事を楽しむ談笑の声に変わった。その中には、かつてこの店に集まっていた若者達もいるのかもしれない。

MENU(税込)

ブレンドコーヒー　450円
パフェ各種　800円
スパゲティーセット(ミートソースorナポリタン)　1100円
ハンバーグセット　1750円

●いまり ロジエ

佐賀県伊万里市伊万里町甲567古伊万里通り
0955-23-3289
10:00〜18:00／不定休
JR・伊万里駅から徒歩3分

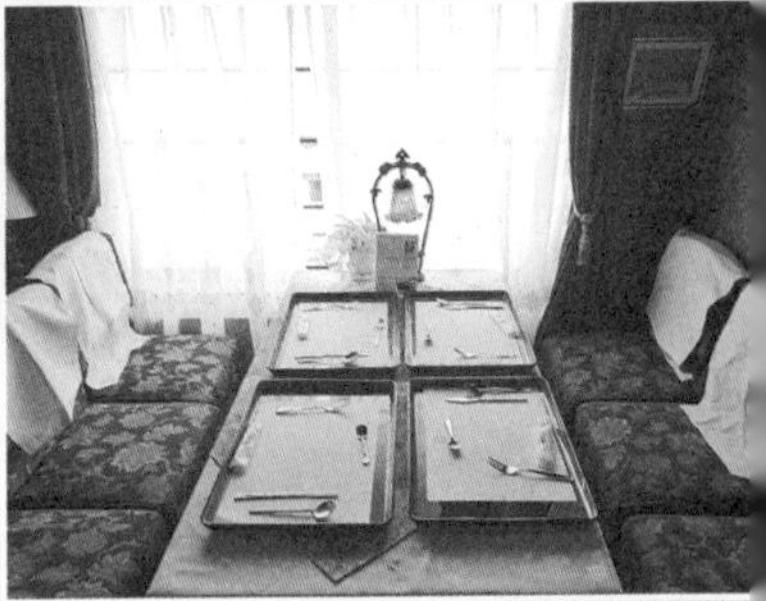

A 00,000

99 モカ

〚佐賀県・佐賀　1970年開業〛

佐賀は城下町だっただけあって、道が碁盤の目のように東西南北に行儀良く真っ直ぐに延びている。特に佐賀駅から南へ向かう道は、遥か先が霞むほど、どこまでも真っ直ぐだ。その長い道の途中にモカはある。ちょっと一杯飲んで行こうじゃないか。

モカはもともと「永渕商店」というちくわやかまぼこを扱う食料品店だった。その歴史は百年以上と長い。「地元の人達には、結婚式から葬式まで揃う店、なんていってもらってたのよ」と教えてくれたのは、永渕和子さん。カウンターを彩る花が似合うモカの美しきママだ。さぞかし可憐な女将であったろうと問うと、「バイクに乗って醤油を十本まとめて持って行ったりしたの」と男勝りな答え。「今より体重もあったしズボンを履いていたから、バイクですれ違う人に『あれ、女か?』っていわれたりしたのよ」と笑う。人は見かけによらないものだ。

　モカは、佐賀市内で二番目の喫茶店としてオープンした。それは、和子さんが嫁入りしてからちょうど十年が経った年だった。商店時代は駅から延びる道に沿って南北に長い店構えだったが、現在は改装して東西に長いつくりになっている。そのお陰で、窓の外からもカウンターに立つ和子さんの笑顔が窺えるようになった。ベルベットのソファ、綺麗にまとめられたカーテン。この空間に対する和子さんの愛情は、降る星のように限りない。彼女の明るい人柄が、モカの雰囲気をより一層素晴らしいものにしている。

　市内で最初にできた喫茶店は数年前に店を閉め、その結果モカが一番古い店になった。店を閉めたその喫茶店の元社長も、今は毎朝モカに和子さんのコーヒーを飲みに来ているという。

●モカ
佐賀県佐賀市唐人1-5-28
0952-26-4212
10:00〜18:00(日曜・祝日は11:00〜16:00)
火曜休
JR・佐賀駅から徒歩5分

MENU(税込)
ブレンド　450円
ホットサンド　450円
フレンチトースト　450円
レモンスカッシュ　(生搾り)　600円

100 珈琲 冨士男

〖長崎県・長崎　1946年開業〗

街は絶えず流転している。長崎の街についても同じで、五十年前に今日の発展を予見した人はいただだろうか。我々は五十年どころか一年後のことさえ知ることができない。できることといえば、美味しいコーヒーを飲みながら昨日を振り返ることくらいのものだ。

冨士男のマスター・川村達正さんは、コーヒーという曖昧で不定形なものに一杯一杯、心を込めて抽出している。かつて料理人だった川村さんはいう。

「コーヒーは料理の添えものだ、と心のどこかで思っていたんよ。でもいざ自分が喫茶店に入って、コーヒーのことを探ろうとすればするほど、深い森の中に迷い込んでいったね」

同じ分量の豆を使って同じように淹れたとしても、同じ味のコーヒー

●こーひー ふじお

長崎県長崎市鍛冶屋町2-12
095-822-1625
9:00〜19:00（18:30LO）
木曜休
長崎電鉄・思案橋駅から徒歩3分

MENU（税込）

珈琲　430円／エッグ珈琲　550円
エンゼルドリーム珈琲（洋酒と生クリームのコーヒー）　550円
エッグサンド　580円
コーヒーセット（ハムトースト、エッグ、
野菜サラダ付き）　780円

になることはない。気温や湿度など、外的要因は数え切れない。近隣のガスの使用状態もコーヒーの抽出に影響を与える。繊細な作業の果てに淹れられたコーヒーを、何杯も楽しむことができる我々は幸せものだ。

川村さんの叔父・吉田藤雄さんが冨士男を始めた頃は、日本全土がそうであったように、長崎も物資が不足していた。「ものがあれば売れた時代。みんな金は持っとるけど、ものがなかったんよ」と川村さん。やっとのことでコーヒー豆やサッカリン（人口甘味料）を仕入れた冨士男は、瞬く間に人気の店となった。

川村さんはカウンターに立ち、長崎の明日に想いを馳せる。未来は不定形だ。しかし冨士男のコーヒーは、不確かな日常を生きる勇気をくれる力強い味に満ちている。

101

珈琲専門店
くにまつ

〚長崎県・佐世保　1971年開業〛

佐世保は戦後アメリカ軍の駐屯地となり、いち早くアメリカ文化に触れた街。コーヒーに関しても一歩先を行く文化があった。

　くにまつの創業者である國松英樹さんは、和食の料理人だったが、コーヒーに魅せられ、佐世保の喫茶店「ニューバレー」に弟子入りした。兄弟子であり、現在は福岡の久留米で「那珈乃《なかの》」を営む中野さんと共に、当時は珍しかった一杯だての店で厳しい修行を積んだ。

　現在、店を守るのは奥様の美佐子さん。くにまつの開業と同じ年に英樹さんと結婚した。「主人はコーヒーに情熱をかけている人だった」という美佐子さん。魚釣りも大好きで、暇を見つけては海へ出かけていたというから、くにまつの店内が船をテーマにしたつくりなのもうなずける。美佐子さんは英樹さんが店を空けるたびに「私はあなたと結婚したのであって、弟子になったわけじゃない」といいながら店を手伝っていた。

　そんな船長の英樹さんは海よりも遠い場所へ旅立ってしまった。「一人で店をやるなんて思いもしなかった」という美佐子さん。そうはいうものの、コーヒーを淹れる美佐子さんの姿は堂に入ったもので、厳しい師匠に学んだ英樹さんの技が、しっかりと受け継がれている。

　美しいノリタケのカップは美佐子さんの趣味だろうか。そこへ注がれるコーヒーには「どうにか主人のやってきた味のままでやりたい。主人が交流を持っていた人も来るから」という想いが込められている。師匠から英樹さん、そして美佐子さんへと継承された味を乗せて、くにまつの航海は続く。

●こひーせんもんてん くにまつ

長崎県佐世保市上京町4-16
0956-25-2888
10:00〜21:00（土曜は〜22:00）
火曜休（臨時休業あり）
松浦鉄道・佐世保中央駅から徒歩5分

MENU（税込）

ブレンドコーヒー　550円
ダッチコーヒー　600円
ウィンナーコーヒー　680円
カフェオーレ　600円
ホットサンド　520円

純喫茶 シグナル

［熊本県・通町筋　1965年開業］

一九六五年の贈り物。鶴屋デパートの横の道にシグナルができたのは十二月二十四日だった。店名は、ちょうど店の前に信号があったことからきている。

シグナルへの階段をゆっくりと降り、期待で高鳴る胸を押さえながらドアを開ける。すぐ横のカウンターから優しい笑顔を向けてくれたのは松本君江さん。娘の里香さんと力を合わせて、店に立ち続けている。

君江さんのご主人の浩一さんは東京の大学を出た後、商売を志して故郷の熊本へと戻り、シグナルを始めた。店内は、二店舗分の広さを使っていて、小さな入口から想像するよりもずっと広い。それが可能なのは、ビルの設計段階からオーナーと浩一さんと彼の父親が図面を引きながら相談して決めたから。店の広さにも開業時の想いが込められている。

熊本の人々へのクリスマスプレゼントとなったシグナル。「あの頃はクリスマスといったらみんな外出していました。それを狙ったのです」という浩一さんと君江さんの狙いは見事的中したといえる。当時は今より自動車が少なく、法規制も厳しくなかったため、店の前の道にはシグナルを訪れた人々の車が連なっていたという。

この街の親子は買い物帰りにシグナルでミルクセーキを飲んだろう。この街の恋人たちは隅の席で愛を語り合ったろう。それから半世紀。それぞれが紡いだ物語はどんな結末を迎えただろうか。

信号が青に変わったら人は歩き出さなくてはならない。だけど今だけは浸っていたい。この隅の席で。

2014年7月24日　閉店

●こーひー アロー
熊本県熊本市花畑町10-10
096-352-8945
11:00〜22:00（日曜・祝日は14:00〜22:00）／無休
市電・花畑町駅から徒歩2分

MENU（税込）
珈琲　500円

103

珈琲 アロー

〖熊本県・花畑町　1964年開業〗

琥珀色に輝くアローのコーヒー。この一杯を飲むために遠くから訪れる人も多い。

店主の八井《やつい》巌《いわお》さんが、三方を囲まれたカウンターに立ち続けて六十年が経とうとしている。年中無休でも続けてこられたのは、「このコーヒーを飲んでいるからです」という。

この日も、「八井です。三井さんより偉いんです」と冗談を飛ばして元気に笑う八井さんの姿があった。

いつもにこやかな表情の八井さんだが、コーヒーを淹れる瞬間だけは表情が変わる。その横顔はまるで、弓道の達人が弓を引く瞬間のそれに似ている。

「コーヒーを淹れる瞬間こそが、私の命なんです」

八井さんはそういってから、いつもと同じようににっこり笑った。

旅に出るという行為は、まだ見ぬ人やものとの出会いへの期待と共に、見知らぬ土地に対する不安もはらんでいる。その中で、押し寄せる望郷の念を癒す場所を見つけられたなら、その旅は鮮やかな想い出に彩られるだろう。林田さんがいる大地はまさしくそんな場所だ。

「会社にお勤めしていた時に、いい所にあるお店が先に手に入ってね。何をしようかと思って、喫茶店を始めたんです。だから、大したことないんですよ」

店内にはいつも瑞々しい花が飾られ、訪れた旅人の心を癒す。実は林田さん自身も大の旅好き。京都や大阪、阿蘇など旅の話は尽きない。次々と旅の想い出を語り、「旅はいいですよねぇ」と微笑む林田さん。交わす笑顔は大地に咲く花のようだ。

104

喫茶 大地

〚熊本県・新町　1978年開業〛

2014年頃　閉店

105

JAZZ＆自家焙煎珈琲
パラゴン

〚鹿児島県・串木野　1976年開業〛

串木野の市役所の前にある、緑のツタに覆われた喫茶店がパラゴンだ。地元の人に親しまれ、遠方からやってくる人も少なくない。

マスターの須納瀬和久さんは中学生の時にラジオを自作し、高校時代には時間を忘れてアンプをつくっていたほどのオーディオ好き。パラゴンを始めた頃、付近は畑ばかりだったというから音楽を流し放題だったかと訊ねると「私は音楽というか、オーディオ好きなんですね」と須納瀬さん。店名にもなっているパラゴンとはJBLのスピーカーの名前のこと。どうしてもこのスピーカーが欲しかった須納瀬さんは、博多のオーディオ店に頼み、はるばる大阪から運んできたのだという。

「音というのはスピーカーによってニュアンスが全然違うんです。低音

●ジャズアンドじかばいせんこーひー パラゴン

鹿児島県いちき串木野市昭和通102
0996-32-1776
12:00〜24:00※23:00LO(月・水・木曜は〜19:00※18:00LO)
火・第1月曜休
JR・串木野駅から徒歩15分

MENU(税込)

オリジナルブレンド　550円
カフェオーレ　570円
コーヒーゼリー　550円
フルーツパフェ　800円
白くま(夏季のみ)　850円

が綺麗に出せるものや、高音が得意なものなど様々ですが、パラゴンは中音が得意。あの形も含めてまさに箱の芸術です」

てきぱきとコーヒーを淹れ、ケーキを切り分ける須納瀬さんを支えるのは、奥様と息子さん。「注文です。トーストお願いします」「分かりました」と、彼らの会話からは店主と店員という関係を保つための配慮が窺える。窓はぴかぴかに磨かれ、カウンターには水滴一つ落ちていない。こうした律儀さこそがパラゴンの精神の現れのように思えた。

須納瀬さん達の心遣いに満ちているパラゴン。しかし何より嬉しかったのは、店内のお客さんの誰もが肩肘を張らずに、素敵な音楽に耳を傾けながら、それぞれの時間を楽しんでいることだった。

106 カフェ ブルーライト

〚鹿児島県・天文館　1973年開業〛

鹿児島の天文館通りは、昔も今も繁華街。その街角にブルーライトが店を構えてから、四十年が過ぎた。

オーナーの久木元さんは大学を出た後、東京のホテル学校で学び、地元の鹿児島で喫茶店を始めた。活気がありながらも落ち着く店づくりのために、久木元さんはチェックを怠らない。照明の明るさや、それぞれのバランスにまで気を遣う。現在は裏方に徹して、焙煎所で自ら額に汗して豆の焙煎に心を砕いている。

「週末に朝方まで賑わっている場所は鹿児島県内で天文館だけなんです。人が多い通りなので、昔から待ち合わせのお客さんが多いですね」と語るのは、奥様の淑子さんだ。今では、店に立つことは少なくなったというが、創業期にブルーライトを支えたのは彼女だ。

●カフェ ブルーライト
鹿児島県鹿児島市千日町13-1
099-224-4736
9:00〜23:30(日曜は〜23:00、金曜は〜24:00、土曜・祝日の前日は〜25:30)
無休
市電・天文館通駅から徒歩3分

MENU(税込)
ブルーライト珈琲(ブレンド) 450円
ストレートコーヒー各種 580円〜
焼きサンドウィッチ
(ドリンク付き) 1100円
珈琲ぜんざいパフェ 800円

現在、グループ店の総店長として店を支えているのは肥後ちぐささん。彼女は創業期のブルーライトにお客さんとして来たことがある。当時のことを「安心感がありました。お客さんは大勢いるんですが、ほっと一息つけるお店だなと思いました」と振り返る。また、現在のことを訊ねると、「目的の違うお客さま一人ひとりに気持ち良くお過ごしいただくために、スタッフ一同心を込めた接客を心掛けています」と話してくれた。

肥後さんの横顔を、頼もしそうに見つめる淑子さん。実は二十二年前に、肥後さんのアルバイトの面接をしたのが他ならぬ淑子さんだった。

それから長い年月が過ぎて、今では店員をまとめる立場にいる肥後さん。彼女だけでなくここには長く勤めるスタッフが多い。大学生は一年生から四年生まで、ここで学び、教え、巣立っていく。ブルーライトには、時代が変わろうとも変わらない想いがあるのだ。

107

珈琲専門店
詩季

〚宮崎県・宮崎　1983年開業〛

まごころはいつまでも相手の中に残り、時間が経っても生き続ける。目に見えないものだからこそ、時間の壁も越えられるのだ。

詩季では、「喫茶店はくつろぐための場所」という創業者の考えが、今も変わることなく受け継がれている。長い間ファンが離れないのは、心の底からの思いやりがあるから。「ゆっくり新聞を読んでいるお客様のそばを歩く時に、足音が邪魔にならないように、靴のかかとにゴムを打っているんです」と語るのは長年勤めているスタッフの長友さん。本当の接客とは、接客されていることを悟らせないものなのかも知れない。

店内をぐるりと見回すと、バランス良く並べられたアンティーク品が目に入ってきた。竹久夢二を好んでいたという創業者。美しく繊細な世界に触れる楽しみを、訪れた人にも共有させてくれる。

手づくりにこだわるメニューからも、強い想いが感じ取れる。どれもボリュームたっぷりなのは、若い頃に苦労した創業者が「お客様にはお腹一杯食べてもらいたい」と思ったからだという。値段と分量のアンバランスにびっくりしたお客さんから「これで儲かるとね?」と心配されることがあるほどだ。

そんな店だからこそ、一度ファンが付くと強い。先日も近くの学校に通っていた卒業生が久しぶりにお店のドアを叩いた。

「お久しぶりです。懐かしいなあ。今度の同窓会で詩季に行ったことを自慢してきますね」

学生時代によく来ていた彼。その日は実に二十年ぶりの来店だった。

●こーひーせんもんてん しき

宮崎県宮崎市旭1-3-15
0985-20-9511
9:00～20:30(日曜・祝日は10:00～)
月曜休(祝日の場合は翌平日火曜日休)
JR・宮崎駅から徒歩10分

MENU(税込)

ブレンドコーヒー(ポットサービス)　550円
カプチーノ・オレンジュール　620円
ビーフカレー　1250円
ベーコンとほうれん草のスパゲティ　1280円
ホワイトソーススパゲティ　1280円

K·T·J
モータープール

108

喫茶 ジャマイカ

〚宮崎県・宮崎　1976年開業〛

ジャマイカは、デパートの裏の小道にある。外に面した大きな窓から店内に目をやると、整然と並んだ椅子がオレンジ色のランプに照らされているのが見える。「店の前の道は昔は私道で、土がむき出しだったんだよ。うちはその頃からここでやってたよ」と話すのはマスターの池田誠さん。特徴のある椅子やランプに目を奪われながら、話はジャマイカ誕生前夜へと遡る。

ジャマイカは誠さんの父親である昭三さんが始めた店だ。店を始める以前、昭三さんは映画館の支配人として地元の宮崎をはじめ長崎や福岡などを転々としていた。忙しい仕事の合間によく訪れていた長崎の喫茶店で飲んだコーヒーが、昭三さんの人生を変えた。

どうしても喫茶店をやりたくなっ

た昭三さんは、その喫茶店の薫陶を受けて脱サラ。故郷で喫茶店を始めた。ジャマイカの誕生である。

昭三さんは亡くなってしまったが、この店には昭三さんが遺したものがいくつもある。手書きのメニュー表もその一つ。映画の看板を書いていたこともあるから慣れたものだったという。昼前から夕方まで、座りながら寝てしまう常連のお客さんもいるという心地の良い椅子もそうだ。

「親父は長くゆっくりしてもらえる店をやりたくて、座りやすいこの椅子にしたっちゃね。映画館みたいな椅子だよね」

誠さんの席はというと「ここは親父の指定席だったから慣れとらんね」と笑う。ジャマイカの居心地の良さは椅子だけでなく、歴代のマスターのやわらかい雰囲気も関係しているのではないか。指定席に置かれた写真の中で、誠さんに似た笑顔を浮かべる昭三さん。そのやわらかな微笑みは、今なお生き続けている。

閉店
（時期は不明）

109

珈琲茶館
インシャラー
〖沖縄県・国際通り　1974年開業〗

那覇の国際通りを歩いていると目に入る、巨大なコーヒーミルのオブジェがインシャラーの目印だ。ドアの先は地下への階段が続くばかりで店内の様子は窺い知れない。勇気を出して階段を降る。それは沖縄とも一味違う、異国へと続く階段。

インシャラーとはアラビア語で「神の思し召しのままに」という意味だ。東京で学生時代を過ごしたマスターは、銀行に就職して働きながら喫茶専門学校に通った。そして故郷に戻り、始めたのがインシャラー。コーヒー発祥の地といわれるアラビアの音楽をコンセプトにした店だ。

店内は広く、いくつもの部屋が連なる不思議なつくり。「ここはもともと倉庫だったんです」と教えてくれたのは、マスターに代わり店を切り盛りする大城京子さんだ。マスタ

●こーひーさかん インシャラー

沖縄県那覇市牧志1-3-63
098-866-6840
15:00～21:00
火曜休
モノレール・県庁前駅または美栄橋駅から徒歩5分

MENU（税込）

インシャラーブレンド　470円
カフェオレ（ホット）　620円
アイリッシュコーヒー　680円
パリのロマンス　680円
アラビックコーヒーandデーツ　680円

ーはこの場所を見つけてすぐ、インシャラーを始めることを決めたが、開店に至るまでの道のりは平坦ではなかったという。

「アラビアのイメージといっても職人さんも初めてのことでしょう。主人と侃々諤々《かんかんがくがく》の喧嘩をしながら内装を仕上げていきました。出来上がる頃にはお互い口も利かなくなってね」

インシャラーには、絵を展示するギャラリーとしての役割もある。店の開業二十周年の会を開いた際には、前述の職人さんも招待した。すると驚いたことに「僕はインシャラーの内装を手がけたお陰で仕事をもらえるようになりました」と感謝されたという。マスターとも和解し、彼の作品展も店で開いた。二十年越しの仲直りも、神の思し召しだったのだろうか。

110 音楽と喫茶 門

〖沖縄県·平和通り　1956年開業〗

「もっとおいしいコーヒーを飲んでもらいたい。そう思って自家焙煎を始めたのよ」

店主の喜納敏子さんはそういって微笑んだ。カウンターには産地別に分けられたコーヒー豆の瓶が並んでいて、注文を受けてから豆を挽き、コーヒーを淹れる。

那覇の平和通りに門ができたのは、昭和三十一年のこと。当時、外国商品を扱う土産物店を営んでいた喜納さんの父親は、商品の買い付けで横浜港を頻繁に訪れていた。そのついでに立ち寄った銀座の喫茶店「銀馬車」で飲んだコーヒーの味に衝撃を受け、自身も喫茶店を始めたという。

店名は「平和通りの入口だから、門。画数も縁起がいいのよ」という理由で決まった。開業当時はＭＪＢというアメリカ産の豆を使っていた

が、昭和四十七年の沖縄の本土復帰の年に国産メーカーに移行。十三年ほど前からは、豆をハンドピックで選り分けて焙煎を行うようになった。

　那覇の夏は観光客が多く、秋から年明けにかけては里帰りしてくる人が多い。「五十、六十代の人はみんな店のことを覚えてくれているみたい。『門で待ち合わせ』がお決まりだったのね」といいながら平和通りを眺める喜納さん。「ここに完全冷房って書いてあるでしょう」と見せてくれたのは門のマッチ。まだライターが普及していなかった頃のものだ。「当時、冷房を備えているのは映画館くらいだったの。うちは早くから冷房を入れたから、それを売りにしていたわけ」

　半地下にある店内からは、平和通りを行き来する人々の足元が見える。自分のためだけに淹れてもらったコーヒーを飲みながら、人が行き交う雑踏を眺めて願う。これからも平和への門が閉ざされませんように。

●おんがくときっさ もん

沖縄県那覇市牧志3-1-8
098-863-2387
10:30～17:30／木・日曜休
モノレール・牧志駅から徒歩3分

MENU(税込)

コーヒー　450円
カフェオレ　450円
氷ぜんざい　600円(夏季のみ)
宇治金時　600円(夏季のみ)

純喫茶用語集

【あ】

歌声喫茶：一九五〇年代に流行した、店側の演奏に合わせて客が皆で歌を歌う形態の喫茶店。カラオケの勃興により徐々に衰退。現在、往年の世代が回帰して再びブームになりかけている。

一杯だて：注文を受けてから淹れるコーヒー。（対義語＝コーヒーアーン）

占い機：コインを入れると占い結果が書かれた紙が出てくる機械（主にプラスチック製）。現在は少なくなった。

王朝喫茶：王朝風の豪奢な内装の喫茶店のこと。本書では寛山（九〇頁）が該当。

【か】

階上喫茶：建物の上階にある喫茶店。本書ではタカタ（一三五頁）や、かつての不二家（一七四頁）が該当する。

改装：喫茶店の趣きある雰囲気が失われるか、それを維持したまま新しく生まれ変われるかの岐路。床の改装やタバコのヤニで汚れた壁の改装も多い。

カウンター：マスターがコーヒーを淹れるのを目の前で見ることができる特等席。常連客が座ることが多い。

カフェ：喫茶店のこと。諸説あるが、特に違いはない。

画廊喫茶：絵画や写真を展示する機能を持つ喫茶店のこと。コーヒーを飲みながら優雅な鑑賞のひと時を。

甘味：現代風にいえばスイーツ。喫茶店ではあんみつやパフェなどが多い。

喫茶店：コーヒーや紅茶などを出す店。軽食がある場合も。喫茶店の「喫」は「喫する」すなわち飲む、食う、味わうという意味で、喫煙を指すわけではない。「喫茶」は「茶を喫する」つまり「茶を飲む」という意味。

コーヒーアーン：コーヒーの保温機のこと。ホテルや宴会場など、一度に多くの人にコーヒーを提供する場合に使われる。（対義語＝一杯だて）

コーヒーカップ：主にホットコーヒーを出すための器。店ごとにオリジナルの柄があったり、個性が表れる。

コーヒーミル：焙煎したコーヒー豆を

砕いて粉にする器具。

【さ】

再開発：既成の市街地を再整備すること。喫茶店は常にこの脅威にさらされている。再開発のために姿を消した店は数知れない。そんな中、本書ではツタヤ（八四頁）が奇跡の復活を果たしている。

サイホン（サイフォン）：コーヒーを抽出する器具。熱による気圧の差でコーヒーが器内を流れる様は一興。

シアトル系：スターバックスやタリーズコーヒーなどに代表される、アメリカ西海岸を発祥とするカフェ。完全禁煙や分煙を売りにした方向性と、そのお洒落な雰囲気とが相まって好評を博し、日本では一九九〇年代後半から広がりを見せている。

自家焙煎：焙煎した豆を業者から仕入れるのではなく、生豆を仕入れて、店主や従業員が自ら、店や近くの焙煎所で豆を焙ること。

邪宗門：名和孝年氏が始めた喫茶店。開店当初は吉祥寺にあり、その後国立に移転したが、名和氏が亡くなり二〇〇八年に閉店。各地に同系列の店があり、本書では現存する邪宗門を全て収録している。

シャンデリア：喫茶店の豪華な装飾の一つ。ただし、ライトが複雑に組み合わさっているため、掃除が大変。

シュガーポット：喫茶店の各席に置かれている砂糖が入っている容器。

常連客：店にいつも来る客。転じて店の一部、ほとんど店員と同じ動きをする場合もある。

食品衛生法：飲食に関する規制をする法律。喫茶店の営業許可もこれに則って取得する必要がある。

ストレートコーヒー：一種類の豆から淹れたコーヒーのこと。豆独自の香りと味を楽しめる。

寸胴鍋：鍋の一種。アイスコーヒーなどを保存する際に使われる。特に、注文を受ける度につくっていては間に合わなかった喫茶店最盛期に活躍した。

創業者：店を始めた人。喫茶店ブームの頃は、飲食店経営の経験がない人が喫茶店を開業することも多かった。

【た】

ツタ：喫茶店の外観をより印象的にするギミック。断熱効果という実用性もあるが、枯れ葉の手入れが大変というデメリットもある。しかし外観へのインパクトの強化は計り知れない。

同伴喫茶：男女が同伴して個室に入る喫茶店。一九五〇年代に一部の名曲喫茶やジャズ喫茶に半個室の同伴席が設けられたのを嚆矢とする。

【な】

ナポリタン：喫茶店おなじみのメニュー。つくり置きができ、調理法も簡単なため数多くの喫茶店に普及した。

ネルドリップ：コーヒーの淹れ方の一つ。フランネルと呼ばれる布で漉してコーヒーを抽出する。使用後は常に水に浸しておくなど、手入れが難しい。

【は】

焙煎機：コーヒー豆を焙煎する機械。自家焙煎が興隆するにつれて焙煎機を店内で見かけることも多くなった。

パトランプ：パトカーについているようなランプ。自動車を運転中の人に、店の存在を認識してもらいやすくするための工夫で、自動車の使用率が高い中京圏の喫茶店の店頭に多い。看板に付属して点灯・回転させる。

パーラー：フランス語のparlourに由来し、客をもてなす場所の意。そこから喫茶店の店名やパチンコ店などに使われるようになった。

挽き売り：コーヒー豆を挽いて客に売ること。

美人喫茶：戦前から戦後間もない頃に流行した、美人が給仕をしてくれる喫茶店。顔を近づけてコーヒーを給するサービスがあった。近代フェミニズムの台頭と共に世論に押され衰退。

ピンク電話：特殊簡易公衆電話の通称。店に電話をかけるとこのピンク電話が鳴り、連れ合いが到着しているかなどを確認していた。携帯電話の普及と共に減少傾向にある。固定費だけで一ヶ月に三〇〇〇円くらいかかる。

ブラジル：コーヒー豆の原産国。そのため喫茶店の店名になる場合が多い。

ブレンド：ブレンドコーヒーのこと。ミックスとも。店ごとの味の違いが明確に出る、喫茶店の最もオーソドックスなメニュー。

ホットケーキ：パンケーキとも。メニューでしばしば見かけるが、手づくりか冷凍食品かは注文したものが出てくるまで分からない。

ホットサンド：焼いたパンでつくるサンドイッチ。専用のプレス機がある。

【ま】

マスター：喫茶店の男性店主のこと。

待ち合わせ：携帯電話が普及する前は喫茶店で待ち合わせをすることが多かった。かつての喫茶店が道路に面した一階に多いのもこのためである。

マッチ：店ごとのデザインが光る、火をつける道具。喫煙者の減少やライターの普及に伴い、つくる店は減っている。制作の際に工場へ発注する最低のロット数は一〇〇〇個という場合が多く、配り終わる前にマッチがしけてしまうことも衰退の要因の一つだ。

ミーコー：ミルクコーヒー、転じてカフェラテ、カフェオレのこと。

水出しコーヒー：お湯ではなく、常温の水で抽出したコーヒー。別名ダッチコーヒー。オランダ植民地時代のインドネシアで考案されたことに由来。

ミルクセーキ：現代風にはミルクシェイク。牛乳と卵、砂糖を混ぜたもの。

ミルクピッチャー：コーヒーに入れるミルクが入った器。

名曲喫茶：クラシック音楽をレコードやCDで流す喫茶店。クラシック喫茶とも。リクエストに応じた楽曲を流してくれることもある。本書ではひまわり（一二頁）や東京（一四〇頁）など。

メニュー：お品書きのこと。喫茶店ではメニューが手書きで改訂されていることがよくある。また、常連客ばかりの喫茶店ではこちらから要求しないと持ってきてくれないこともある。

モーニング：朝の時間帯にコーヒーを注文すると、パンやゆで卵がつくサービス。正式名称は「モーニングサービス」。中京圏でのサービスが有名だが、中でも尾張一宮市周辺が激戦区。寒天や茶碗蒸し、チャーハン、バイキングがつくこともある。もとは「自動車を止めて、店に来て欲しい」と国道沿いにある喫茶店が始めた。自動車大国の愛知県に多いのはそのため。

【や・ら】

闇市：物資が不足した状況下で自然発生する市場。やちよ（一六頁）や、富士男（一九〇頁）で言及。

ルシアンコーヒー：コーヒーにココアを入れたもの。ウクライナ地方が発祥。

レーコー　アイスコーヒーのこと。近畿地方で一九八〇年代によく使われていた語。

レコード：アナログレコードとも。五分程度収録のSP（standard play）や三〇分収録のLP（long play）、一〇分程度収録のEP（extended play）がある。コーヒー一杯で音楽を聞けるとあって、レコードを買うお金がない学生や若者が名曲喫茶に集まった。

レジスター：通称「レジ」。現在では計算機能、印紙発行機能をもつものが一般的だが、一部の喫茶店ではいまだに一九七〇年台以前のレジを使っている。手動のタイピング動作音など、独特の趣きがある。

レトロ："retrospect"の略。回顧、追憶、追想的なという意味。

ロック喫茶：名曲喫茶のロックンロール版。本書ではケルン（二八頁）でその存在にふれている。ロックはクラシックに比べて少ない人数と機材で演奏が可能なため、店内でライブが行われることもある。

おわりに

純喫茶を巡る一一〇の物語、いかがだったでしょうか。どのお店にもそこにしかない物語がありました。個人経営である純喫茶の魅力の一つは、お店自体のつくりからお客さんとの接し方、雰囲気など一つとして同じお店がないことです。この本を手にとって下さった皆さんの心に、純喫茶の魅力が少しでも響いたなら、これより嬉しいことはありません。

本書執筆に際しては多くの方のご協力をいただきました。取材を快くお受けいただき、とっておきのお話を聞かせて下さった店主の皆さん、ありがとうございます。この本の主役は純喫茶であり、同時に店主の皆さんです。そして、お店を開業し、その基礎を築いたものの、惜しくもこの世を去りお会いすることがかなわなかった創業者や歴代の関係者の方々にも、心の中で御礼を述べさせていただきます。

また、純喫茶が営業し続けられるのは、常連客の方々の力が大きいと思います。僕は全国各地の純喫茶に訪れていますが、取材の日もそうでない

日も常連の皆さんがお店に足を運んでいるからこそ、純喫茶は純喫茶として在り続けることができます。間接的ではありますが、感謝の念をお伝えしたいです。ありがとうございます。

本書では写真も自ら撮影させていただきました。撮影方法や機材などについて親身にアドバイスを下さった方々、ありがとうございました。皆さんのお陰で文章だけでなく写真という形で、お店の描写により臨場感を持たせることができました。

そして日頃から純喫茶保存協会を応援して下さっている方々、会員一同、皆さんがいたからこそ、ここまで来られました。ありがとうございました。

最後に、素晴らしいデザインに仕上げて下さったオカッパデザインの工藤さん、伊藤さん、素敵なイラストを描いていただいたさいとうさん、本書執筆の機会を与えてくれた実業之日本社の仙石さん、そして僕の無理難題にも真摯に向き合い、いつも励まして下さった担当編集の白戸さんに感謝を述べておしまいとさせていただきます。ありがとうございました。

いつか、どこかの純喫茶で皆さんとお会いできることを楽しみにしています。それではさようなら。

（二〇一三年・秋　世田谷邪宗門にて）

あとがき

まず最初に、本書をお手に取って下さり最後までお読み頂いた方々へ改めて感謝申し上げます。私は本書の著者である山之内遼の弟です。既にご存知の方もいらっしゃるかと思いますが、２０１３年に本書を刊行した直後に、兄は不慮の事故に遭い他界致しました。兄が亡くなってから7年の月日が経ちますが、この間も本書に対しては多くの純喫茶ファンの方々の反響を頂けていたということで、この度オールカラーで復刊して頂けることとなりました。これもひとえに生前兄を支えて下さった皆様のお力があったからこそのものと深く感じております。復刊するにあたって、兄が記した内容については極力手を加えず当時のものそのままに致しました（勿論、メニューの価格改定など事前に確認出来たものは変更を加えております）。

改めて私の立場から兄に関して思うことは、とにかく感性が独特であ

るということです。そもそも10代の頃からノスタルジックな純喫茶に強い興味を抱き、時間さえあれば休むことなく全国の純喫茶に足を運び続けるというのは当時の私から見ても凄まじいバイタリティであったと記憶しております。ゴールデンウィークなど、長期の休みが取れる日には地方の純喫茶へ足を延ばし、〝全部で数十軒行ってきた〟と母や私にメールでリストを作って報告してくれておりました。何がそこまで兄の心を突き動かすのか直接的に聞いたことはありませんでしたが、恐らく「純喫茶」という存在が醸し出す何とも言えない懐古的な雰囲気、そして世の中の純喫茶一つ一つに刻まれている長い歴史を、店主の人柄も含めてゆっくりと紐解いていくことがとにかく好きだったのであろうと私は考えております。本書はそういった点で、喫茶店を紹介する他の本とは少し異なる視点から、純喫茶というものを見ることが出来る面白さがあるのではと思います。

また、本の中では兄が撮影した店内の写真を掲載していますが、当時カメラの知識はほとんど無かった兄が、お店を少しでも綺麗に紹介出来るようにとカメラ教室へ通っていたことを覚えております。今回、オー

ルカラーで掲載頂いたのでその部分についても是非注目して頂ければと思います。

そんな中で私自身心残りなのは、もし兄が生きていればもっと素晴らしい本を何冊も世に遺すことが出来ただろうなということです。

本書に掲載させて頂いているのは１１０軒ですが、兄はその何倍も全国の純喫茶を訪問し、記録に残しております。まだ知られていない名店を本書の続編として兄の紡ぎだす言葉で見てみたかったと心から思います。

その点に関しては誠に残念ではありますが、是非その〝続き〟は本書をお手に取って頂いた皆様ご自身の体験として、新たな純喫茶との出逢いを拡げていって頂ければと思います。これ程までに兄を魅了した「純喫茶」という奥ゆかしくも素晴らしい文化を後世に伝えられるのであれば、これ以上の喜びは無いだろうと、兄もきっとそう言ってくれると思います。

改めまして、本書をお読みになって下さった皆様、兄と二人三脚で本書の制作を進めて頂いた実業之日本社の白戸様、そしてここまで夢中になれ

る素晴らしい世界を兄に教えて頂いた全国の純喫茶店主の方々に対し心からの感謝を申し上げます。

皆様の人生を変えてしまう程の素敵な純喫茶との出逢いを心より願っております。

２０２０年４月　山之内脩

あとがき

２０１３年の2月、著者の山之内遼さんから送られてきたＡ４用紙11枚にも及ぶ企画書には、「はじめに」にあるような執筆の動機以外に、次のようなことが書かれていました。

・47都道府県、すべて僕が直接店へ行き1から取材します（旅費・経費はすべて自腹を切ります）。
・僕はこれまでに大体３８００軒くらいに行きました（ただしチェーン店は除く）。
・サンマルクとエクセルシオールと上島珈琲店の都内の店舗は全部行きました。

当時、遼さんは28歳の会社員です。1日1軒純喫茶に行ったとして、３８００軒行くには約10年半かかります。加えて、サンマルクとエクセルシオールと上島珈琲店の当時の都内の合計店舗数が正確に何軒かはわかりませんが、そもそもそんなことをする人がいること自体が信じられませんでした。だって、一体何のために？

誰でも自分を売り込む時は、少しばかり話を大きくしてしまうものです。ですから正直、「さすがにこの年齢でこんな数の喫茶店には行っていないだろう」、「チェーン店にそんなに行くなんてさすがに嘘だろう」と思っていました。

でも、すべて本当でした。サンマルクとエクセルシオールと上島珈琲店の都内全店舗に、誰かに頼まれたわけでもなく、そして本人も本気で行きたいかどうかもよくわからないまま行ってしまう。遼さんはそんな人でした。

◆◆◆

当時私は旅行のガイドブックなどを制作する編集部に在籍していました。通常、ガイドブックやお店のガイド本は、店舗データなど「情報の正確性」が生命線でもあります。ですから、制作中に閉店が判明したお店などは当然、営業中のお店に差し替える作業を行います。

しかし、この本では当時からそれをしませんでした。２０１３年の制作途中にも、掲載店の何店かはその長い歴史に幕を下ろしていますが、「閉店」の文字を入れてそのまま掲載しました。

たしかに、その場所に「誰かに愛された純喫茶」があった。

それを事実として残しておくことが、遼さんがこの本に与えた1つの大きな役割だったからです。

最新の情報を取るだけならインターネットで十分です。そこでは次から次へと新たな情報がアップされ、それらはものすごい速さで消費されていきます。

それに対して、誰かにとって大切だったものを確実に、そして手元に残しておくことは、本だからこそ果たせる大きな役割の1つのように思います（出版業に携わる者のただの希望的観測かもしれませんが）。

激しく移り変わる時代において、1つのことを変わらずに続けることは、どんどん難しくなっています。社会の変化に合わせて自分も変化をしなければ生き残れない。そうしていつの時代も、その変化に合わせてなくなってしまう文化や価値観があります。今回の新装版の制作過程で新たに20店舗が、その歴史に幕を下ろしたことがわかりました。

そして、このあとがきを書いているいま、新型コロナウイルスが世界を襲っています。改めて、大切なお店の存在について考えさせられます。

お店に行く、人に会う。そういった行為がなくなると、世界はどうなるのでしょうか。本当なら、遼さんに聞いてみたかったのですが。

帯の表4（裏表紙のほう）に使用しているのは、かつて日本橋にあった「メイ」（60ページ）です。遼さんとは何度かここで打ち合わせをしました。残念ながら「メイ」は閉店してしまいましたが、何度見ても良い写真なので、今回も帯に使用いたしました。

今回、遼さんが書いた文章には手を加えていないため、実際に行ってみたら店主が変わっていたり、お店の内装が変わっていたり　そういうこともあると思います。大変申し訳ございませんが、遼さんが描いた部分からの変化として、ご理解いただければ幸いです。

最後にこの本を新装版として世に出せたのは、著者である遼さんの情熱とご家族のご協力、この本をお読みいただいた読者の方々、そして、純喫茶という素敵な空間を作っていただいているお店の方々のおかげです。改めて御礼申し上げます。

担当編集　白戸翔

山之内遼（やまのうち・りょう）
1984年4月12日、東京都生まれ。10代の頃に純喫茶の世界に目覚め、訪れた店は4000軒を超える。純喫茶の文化を後世に伝えるべく、「純喫茶保存協会」を結成。2013年の本書刊行後に不慮の事故に遭い、還らぬ人となった。

装丁　工藤亜矢子＋伊藤悠（OKAPPA DESIGN）
カバーイラスト　さいとうあずみ
写真　山之内遼
本文DTP　千秋社
編集協力　山之内脩
編集　白戸翔

47都道府県《とどうふけん》の純喫茶《じゅんきっさ》
愛《あい》すべき110軒《けん》の記録《きろく》と記憶《きおく》

2020年6月10日　初版第1刷発行

著　者　山之内遼
発行者　岩野裕一
発行所　実業之日本社
〒107-0062　東京都港区南青山5-4-30
CoSTUME NATIONAL Aoyama Complex 2F
電話（編集）　03-6809-0452
（販売）　03-6809-0495
ホームページ https://www.j-n.co.jp/
印刷・製本　大日本印刷株式会社

ISBN 978-4-408-33927-6（新企画）